汴京一梦

词藻里的大宋

云葭 著

杨杰 绘

华龄出版社
HUALING PRESS

图书在版编目（CIP）数据

汴京一梦 / 云葭著 ; 杨杰绘 . -- 北京 : 华龄出版社 , 2024.5

ISBN 978-7-5169-2696-3

Ⅰ. ①汴… Ⅱ. ①云… ②杨… Ⅲ. ①诗人－生平事迹－中国－宋代－通俗读物 Ⅳ. ① K825.6-49

中国国家版本馆 CIP 数据核字（2024）第 013404 号

策划编辑　李　佳　刘禹晨　　责任印制　李未圻
责任编辑　高志红

书　名	汴京一梦	作　者	云　葭
出　版 发　行	华龄出版社 HUALING PRESS	绘　画	杨　杰
社　址	北京市东城区安定门外大街甲 57 号	邮　编	100011
发　行	（010）58122255	传　真	（010）84049572
承　印	文畅阁印刷有限公司		
版　次	2024 年 5 月第 1 版	印　次	2024 年 5 月第 1 次印刷
规　格	889 mm × 1194 mm	开　本	1/32
印　张	7	字　数	149 千字
书　号	ISBN 978-7-5169-2696-3		
定　价	78.00 元		

汴京一梦

目录

汴京一梦

前言

公元 960 年，赵匡胤发动“陈桥兵变”，黄袍加身，史称宋太祖。自此，中原进入了继唐朝之后一个新的安定繁荣时期——宋朝。

宋朝是一个什么样的朝代？我曾经在另一本书中提到，我觉得宋朝是一个非常可爱的时代，因为宋朝人实在太懂生活了，像外卖小哥、消防局、寺庙经济、宠物美容等，这些我们以为只有当代才有的事物，在宋朝其实已经流行了。

很多人对宋朝的第一印象或许是“靖康之变”后的国土分裂和内忧外患，但这只是宋朝漫长的三百多年国祚中的一个表象。不论是北宋还是南宋，都曾有过繁荣发展的时期。须知，宋朝可是历朝历代经济发展最迅猛的时期，曾有“苏湖熟，天下足”的盛况。

这也是宋朝人会如此懂得享受生活的原因。只有在物质上得到了满足，才会在精神上有更高的需求。那么，“烧香点茶，挂画插花，四般闲事，不宜累家”的民生状态在宋朝出现，也就不足为奇了。

宋朝的许多文人，在“享受生活”上都自有一套。千古第一才女李清照可不只会写诗作词，同时也是一位点茶高手。“点茶”是宋朝流行的喝茶方式，百姓对喝茶一事有多热爱呢？据记载，不论是北宋都城汴京，还是南宋都城临安，茶坊遍地，数量之多，毫不亚于现如今的咖啡店。宋朝民俗类散文《东京梦华录》中就有提到，“（朱雀门外街巷）以南东西两教坊，余皆居民或茶坊”。

又如大文豪苏轼，除却文学上登峰造极的成就，他还是一位香道高手。有一款流传至今的香，名为“二苏旧局”，便是为了纪念苏轼和苏辙两兄弟。

品茶之余焚香，不仅是文人士大夫的爱好，在宋朝，平民百姓对这种雅致的生活方式也是有所追求的。不少宋词中都有提到喝茶、焚香、挂画、插花等，因为对宋人来说，这些都是日常生活中很普遍的事。如李清照的“薄雾浓云愁永昼，瑞脑消金兽”，“瑞脑”就是一种香；苏轼的“休对故人思故国，且将新火试新茶”，烧水烹煮新茶也是宋人的生活常态。

“词”是宋朝最普遍的文学体裁，和唐朝的“诗”不一样，却有着异曲同工之妙。和唐诗相比，宋词对格式和韵律的要求更高，即我们常说的“词牌名”。宋词除了吟诵风月，还有不少是描述生活琐事的，远不只上文提到的焚香、煮茶等。可见，宋朝人是习惯于将这些琐事记录到文字中的。

宋词就像是宋朝人的流行歌曲，不仅限于文人之间的传诵。当时有一句话叫做“凡有井水处，即能歌柳词”。“柳词”指的是柳永写的词，意思是只要有人生活的地方，就有人会唱柳永的词。这一来说明柳永词传唱度高，二来也能体现词在宋朝的流行，可谓雅俗共赏，不分贵贱。

既然词在宋朝有如此旺盛的生命力，它的流行自然是有迹可循了。想要更透彻地了解这一朝代，了解宋词和词人的生平，亦是非常有必要的事。希望通过本书，大家能更热爱宋朝，热爱这个可爱的时代。

花蕊夫人

红颜祸水？这锅不背

亡国之事，“雨我无瓜”

《全唐诗》收录了不少女诗人的作品，其中单独成卷的有三人：鱼玄机、薛涛、花蕊夫人。鱼玄机和薛涛均是“唐朝四大女诗人”之一，名头非常响亮。花蕊夫人严格来说不是唐朝人，她生活的时期主要是五代十国和北宋初年，并且她和宋太祖、宋太宗兄弟俩，有着千丝万缕的关系。

历史上出现过两位比较有名的“花蕊夫人”，一位是前蜀开国皇帝王建的妃子徐氏，另一位是后蜀末代皇帝孟昶的宠妃费氏。《后山诗话》记载：“费氏，蜀之青城人，以才色入蜀宫，后主嬖之，号花蕊夫人。”不过还有一种说法是，后蜀花蕊夫人也姓徐，如陈继儒《花蕊夫人序》记载，“昔徐匡璋纳女于蜀后主孟昶，昶喜其轻翾，赐号花蕊夫人，又改慧妃。陈无己以夫人姓费，误也。”

既然蜀地有两位花蕊夫人，那么，流传下来的那些署名为“花蕊夫人”的诗作，比如《宫词》等，其作者究竟是谁，存在一定争议。《全唐诗》将《宫词》系列诗作放在了后蜀孟昶妃名下，宋朝蔡绦《铁围山丛谈》也持这种观点：“及孟氏再有蜀，传至其子昶，则又有一花蕊夫人，作《宫词》者是也。”

不过，据后世学者考据，《宫词》并非后蜀孟昶妃所作，而是前蜀王建妃所作，且这一说法依据十分充足。《宫词》作者究竟是谁，本文不作论证，暂且按照《全唐诗》记录的版本阐述诗人生平。

孟昶其人，蜀国最后一位皇帝，也就是所谓的亡国之君，因而有不少针对花蕊夫人的指责声，说她是红颜祸水，美色误国。

从古至今，亡国的原因经常会被归结到女人身上。比如褒姒、妲己、妹喜、骊姬，直接被好事者列为古代四大妖姬。国家灭亡，她们成了众矢之的，亡国之君和亡国之臣却仿佛在历史上隐身了。一时间竟难以判断，究竟是她们用美色误了国，还是人们习惯性替一个王朝的陨落找借口？

晚唐诗人罗隐的这首《西施》，就非常值得细品。

> 家国兴亡自有时，吴人何苦怨西施？
> 西施若解倾吴国，越国亡来又是谁？

罗隐写这首诗的意图非常明显，仿佛是大声告诉全世界：不要再将亡国的帽子扣到女人头上了，好不好？

花蕊夫人若有幸跟罗隐生在同一时期，肯定得激动得跟他握个手：知音哪！亡国这个大锅，我可不背！

其实在五代十国的早期，蜀国是富裕过的，包括后蜀，曾一度有过向上发展的势头。可为什么国运急剧下降，甚至灭亡？一来，当时政权林立，局势动荡；二来，这跟孟昶的“享乐主义”脱不了干系。

孟昶曾广征蜀地美女充实后宫，13 岁到 20 岁的美女，只要被他看上了，无一例外全都要收入宫中。在他后宫的一众美女当中，他最宠爱的就是花蕊夫人。

花蕊夫人喜欢牡丹花和红栀子花，孟昶为博美人欢心，夸下海口说："洛阳牡丹不是甲天下吗？以后我们成都的牡丹要甲洛阳！"没办法，孟昶是皇帝，皇帝要成都牡丹甲洛阳，大家只得听从安排。于是，成都开启了浩浩荡荡的种牡丹工程。

牡丹种得多还不够，还要精！孟昶派人去各个地方搜罗精品牡丹，在他的宫里搞了个"牡丹苑"。有鲜花，有美人，孟昶心情实在是好极了。他经常带着花蕊夫人赏花宴饮，夜夜笙歌，醉生梦死。

蜀地夏天湿热，孟昶又怕热，于是他想了个很浮夸的主意。他在摩诃池上盖了一座奢华的水晶宫殿。柱子用楠木、沉香，窗户用珊瑚、碧玉，宫内的帐子是用芙蓉花染色的"芙蓉帐"……

花蕊夫人的代表作《宫词》就是在这一时期写成的。她是才女，物质生活丰富了，创作欲望自然就来了。在与孟昶相伴的美好时光中，她写了近百篇诗词，以下是其中三首：

其一

离宫别院绕宫城，金版轻敲合凤笙。
夜夜月明花树底，傍池长有按歌声。

其二

修仪承宠住龙池，扫地焚香日午时。
等候大家来院里，看教鹦鹉念新诗。

其三

春殿千官宴却归，上林莺舌报花时。

宣徽旋进新裁曲，学士争吟应诏诗。

这些宫廷诗以写实记事为主，它们能够完整保留下来，也让后人得以窥见部分后蜀的宫廷生活。通过诗中所述，足以感受到孟昶和花蕊夫人有多会享受。孟昶肯定不会想到，就因为他耽于享乐，劳民伤财，剥削百姓，后蜀的国祚也要到头了。

关于孟昶的奢靡生活，有个很有名的“七宝夜壶”典故。

后蜀灭亡后，很多珍宝被当作战利品带去了汴京。其中有件器物上镶满了七种宝石，引起了宋太祖赵匡胤的注意。起先宋太祖并不知道这件宝贝是做什么用的，当他听说装饰这么奢华的物件却只是个上厕所的夜壶时，震惊且气愤：“夜壶都要用七种宝石装饰，那得用什么东西来装食物吃饭？这么奢靡，不亡国才怪呢！”

这话一点毛病都没有，后蜀再有钱也禁不起孟昶这么败家啊，何况那些都是百姓的血汗钱！

也正是在孟昶花天酒地的时候，外面的世界发生了天翻地覆的变化。赵匡胤发动陈桥兵变，黄袍加身，建立了乱世之后新的大一统政权——大宋，赵匡胤也摇身一变成了宋朝的开国皇帝——宋太祖。

乾德二年（964 年），宋军伐后蜀，后蜀兵败投降，孟昶和花蕊夫人被押解北上。

花蕊夫人的美名在此之前就已传遍天下，所以当她被押到汴京后，宋太祖单独召见了她，以礼相待。据说，宋太祖问花蕊夫人为什么不殉国，反而跟着孟昶一起投降了。花蕊夫人估计内心想骂人，但表面还是很淡定的。为了表示自己怼人的决心，她作了一首诗：

君王城上竖降旗，妾在深宫那得知？
十四万人齐解甲，更无一个是男儿。

这就是花蕊夫人极具代表性的《述国亡诗》。从诗中可以看出她内心的悲愤，既有国家灭亡的哀痛，也有对后蜀男儿的怒其不争，他们实在枉为男子！可笑那些贪生怕死之辈却将亡国的罪名推到她一个女子身上，发泄他们的亡国之恨。何其悲哀！何其无语！

花蕊夫人写这首诗，也有自辩之意。不少人认为，孟昶是因为迷恋花蕊夫人才会不理朝政，沉迷酒色，生活荒淫，最终导致后蜀亡国。她写“妾在深宫那得知”，意思是她在深宫之中，一介女流，对宫外的局面根本不知情。后蜀空有十四万大军，却敌不过宋兵五六万。他们原本就不堪一击，为什么还要怪她？又何来红颜祸水导致亡国之说？

此时应呼唤罗隐上线，隔空和花蕊夫人干一杯。

文学作品中的“白月光”

花蕊夫人被宋太祖单独召见，这一信息已经给得非常明确了。孟昶虽然荒淫，但也不是傻子，他自然清楚这次召见的意图。就在太祖见完花蕊夫人不久，孟昶就不明不白暴毙了。一般都认为他是被宋太祖赐死的。

花蕊夫人被俘后的生活，基本没有正史记载。那些流传下来的不同版本的故事，多见于后世各类轶闻笔记，比如花蕊夫人作《述国亡诗》的背景故事，“送子娘娘”的传说，还有关于她死因的几种推测。

据传，花蕊夫人即便被宋太祖收入后宫，也没有忘记先夫孟昶，她偷偷绘制了孟昶的画像，挂在房中供奉。这件事后来被太祖发现，太祖追问，花蕊夫人急中生智说：“这是张仙的画像啊，他是送子神，我们蜀人都是这样拜的。”

不知道宋太祖是真的信了花蕊夫人，还是不想追究她的过错，这件事也就不了了之了。

送子之神本是花蕊夫人情急之下的托词，没想到不胫而走，宫中女子开始模仿，甚至流传到了民间。渐渐地，很多民间女子也学花蕊夫人供奉张仙。到了晚清，有人将张仙的男身画像改为花蕊夫人的画像，花蕊夫人也阴差阳错成了“送子娘娘”。

花蕊夫人在宋太祖后宫生活的时间并不长，似乎没多久就香消玉殒了。史书上没有记载她是什么时候死的，怎么死的。在《宋史演义》和《宋宫十八朝演义》这两本民国小说中，花蕊夫人的死因无一例外都是逐渐失去了太祖的宠爱，加上怀念故国，郁郁而终。

野史对花蕊夫人之死也有零星的记载，比如北宋王巩编纂的《闻见近录》提到，宋太祖率众人在后苑宴饮射箭，他让弟弟赵光义，也就是后来的宋太宗喝酒，赵光义回答说：“花蕊夫人能为我折枝花来，我就喝。”太祖听了，吩咐花蕊夫人去折花。就在花蕊夫人专心折花时，赵光义忽然拉弓，将她一箭射死。

随后，赵光义抱着太祖的腿谢罪：“陛下方得天下，宜为社稷自重！”赵光义的意思是，天下刚定，你不能因为一个女人失了分寸，你要以江山社稷为重啊！我不是故意杀了你的宠妃，我这是为你好！

没想到，宠妃突然被杀，宋太祖居然很淡定，他继续宴饮，没有责怪赵光义。

类似的故事，《铁围山丛谈》（宋朝蔡绦著）中也有记载：“一日兄弟相与猎苑中，花蕊夫人在侧，晋邸方调弓矢引满，正拟射走兽，忽回射花蕊夫人，一箭而死。始所传多伪，不知蜀有两花蕊夫人，皆亡国，且杀其身。”

但这些都只是轶闻笔记，不排除有演义的成分，花蕊夫人真正的死因还有待考证。花蕊夫人死后，俨然成了传说中的白月光，不少文人写过和她有关的诗词。比如苏轼写过一首《洞仙歌》，夸赞花蕊夫人的绰约风姿。

> 冰肌玉骨，自清凉无汗。水殿风来暗香满。绣帘开、一点明月窥人，人未寝、欹枕钗横鬓乱。
>
> 起来携素手，庭户无声，时见疏星渡河汉。试问夜如何，夜已三更，金波淡、玉绳低转。但屈指、西风几时来，又不道流年，暗中偷换。

花蕊夫人虽容貌无双，才华横溢，但时人对她的评价并不高，究其原因，不外乎她那顶“红颜祸水”的帽子，谁让她丈夫孟昶是亡国之君呢。

孟昶前期还算是个明君，他勤奋治国，注重农业，百姓生活日渐富庶，蜀国的实力也渐渐雄厚。到了后期，估计是对现状太过满意了，他不再像以前一样关心国事，每日沉醉声乐，与花蕊夫人一起在后宫享乐，声色犬马，花样百出。《洞仙歌》中所写，正是夏日的夜晚，孟昶与花蕊夫人在摩诃池上乘凉的情形。

苏轼虽未亲眼见过花蕊夫人的美貌，但是有民间传说的诸多故事为蓝本，再加上一位自称到过后蜀皇宫的老妪的口述，他妙笔生花，写下了“冰肌玉骨，自清凉无汗”的名句。

这位老妪是苏轼老家眉州的一位尼姑，她自称曾跟随师父去过蜀宫内苑，亲眼见到孟昶与花蕊夫人在摩诃池上纳凉。她依稀记得，当时孟昶为花蕊夫人写词，其中有提到“冰肌玉骨”，苏轼有感而发，遂成《洞仙歌》。

苏轼还特地为《洞仙歌》写了序，记录了他的灵感来源：“仆七岁时，见眉州老尼，姓朱，忘其名，年九十岁。自言尝随其师入蜀主孟昶宫中，一日大热，蜀主与花蕊夫人夜起，避暑摩诃池上，作一词。朱具能记之。今四十年，朱已死久矣，人无知此词者。但记其首两句，暇日寻味，岂《洞仙歌令》乎？乃为足之云。”

能出现在这么美好的文字中，可见历史对花蕊夫人也并非苛刻无情，她的美丽和才华流传了下来，在笔记故事中，在民间传说中，在文人的诗词中……而她本人所作的诗词也流传了下来，让后人瞻仰到她无双的风采。

林逋

没有那些世俗的欲望

梅妻鹤子，一生隐居

中国的隐士文化源远流长，历朝历代的文人中不乏隐士。他们之中有的因为仕途受挫，看淡人生；有的因为不愿为五斗米折腰，干脆离开；有的则是以退为进，将隐居作为噱头，博取当权者的关注。还有一种比较特殊，他们压根没什么世俗的欲望，纯粹是为了隐居而隐居。

古代最著名的隐士不外乎东晋的陶渊明，还有唐朝山水田园派的代表人物孟浩然。闻一多先生曾评价孟浩然："正如当时许多有隐士倾向的读书人，孟浩然原来是为隐居而隐居，为着一个浪漫的理想，为着对古人的一个神圣的默契而隐居。"

和陶渊明、孟浩然一样，林逋也是个超凡脱俗的隐者。他有傲世之才，却一生都未曾踏入仕途，只想过安逸的隐居生活。他也一生都未曾娶妻生子，以种梅养鹤为乐。用他自己的话来说就是"以梅为妻，以鹤为子”，因而给后世留下了“梅妻鹤子”的典故。

林逋是浙江杭州人，他幼年失去父母，孤苦无依，过着贫穷的生活。但他十分好学，年纪轻轻就熟读经史百家。其他同龄人苦读诗书是为了考取功名，林逋则不然，他好学是因为喜欢学习。

读完万卷书，就该行万里路了，林逋的青年时期基本都在路上。他曾在长江、淮河一带游历，增长见识。可惜他这段时间的经历缺乏资料记载，难以窥见一二。

到了四十岁左右，已是中年人的林逋回到家乡杭州，隐居在孤山。关于孤山，冯梦龙在《警世通言》中写过这样一句话：“断桥不断，肝肠断；孤山不孤，君心孤；长桥不长，情意长。”

“孤山不孤，君心孤”指的就是林逋的事迹。在林逋生活的年代，孤山虽然是一处僻静的地方，但是有最爱的梅与鹤相伴，林逋并不觉得孤单。

林逋爱梅花，在住所附近种了几百棵梅树。也有学者考据，说林逋只种了一棵梅树。不过这些都不重要，不影响他对梅花的喜爱。在他流传下来的作品中，有八首是写梅的，被称为“孤山八梅”，其中最有名的是这首《山园小梅》。

众芳摇落独暄妍，占尽风情向小园。
疏影横斜水清浅，暗香浮动月黄昏。
霜禽欲下先偷眼，粉蝶如知合断魂。
幸有微吟可相狎，不须檀板共金樽。

在民间传说中，爱梅成痴的林逋和创造出“梅花妆”的寿阳公主都被尊称为“梅花花神”。而林逋与梅花的渊源不只出现在传说故事里，也成了后世不少文学艺术作品的原型。南宋著名画家马远有一幅《林和靖梅花图》，画的就是一位老者望着一株梅花的形象。

林和靖即林逋，“和靖”是宋仁宗赐给他的谥号。如《宋史》记载：“（林逋）既卒，州为上闻，仁宗嗟悼，赐谥和靖先生，赙粟帛。”因而，后世都称林逋为和靖先生。

梅花凌寒傲雪开放，是品德高尚的象征，自古以来就是文人墨客讴歌的对象，林逋喜爱梅花再正常不过。他喜欢鹤也理所当然，他是隐士，而鹤超凡脱俗，被认为是仙界之鸟，爱鹤的大多是品行高洁之人。当然，“爱鹤亡国”的卫懿公除外。

卫懿公是春秋时期卫国的第十八任国君，他对鹤有着近乎疯狂的爱。爱到什么程度呢？他从不理朝政，全身心投入到仙鹤养殖这一伟大的事业当中。他在全国各地大规模养鹤，下令“凡献鹤者给以重赏”，甚至还给鹤封官拜侯，封了一大堆的“鹤将军”与“鹤娘娘”。

公元前 660 年，赤狄攻打卫国，卫懿公急了，下令征兵抵抗，可早就心存怨言的人们怼他：“你不是喜欢养鹤吗？不是封了一大堆鹤将军吗？那就让鹤将军去打仗吧。”无奈之下，卫懿公只好带着为数不多的兵马去迎战，最后兵败被杀。所以春秋历史上有了“卫懿公好鹤而亡国”的说法。

林逋对鹤的喜爱，自然是与卫懿公截然不同的。他身上就有类鹤的气质，高洁、超凡脱俗。沈括在《梦溪笔谈》中记录了一则林逋与鹤的故事。

林逋在孤山隐居期间，经常乘一叶扁舟，拜访西湖周围的各大寺庙。他虽然隐居，但也结交了不少朋友，其中有学者，有官员，也有高僧。林逋出门时，若是有客人来访，童子就会把客人请到家中喝茶，然后开笼放鹤。林逋一看到在空中翱翔的鹤，就知道有朋友来了。他即刻划着小船回来，不让客人久等。

为了纪念林逋，后人在孤山建了一座放鹤亭。

不想做官，但可以有做官的朋友

林逋在孤山隐居期间，二十年没有踏足过城市，但他人品才学出众，名声逐渐传到了首都汴京。当时的皇帝宋真宗对他很感兴趣，招他入朝为官，担任太子的伴读。林逋婉拒了。

有人问林逋，为什么不想当官？林逋说："我的志向里没有功名和富贵，我只喜欢绿水和青山。"

林逋不愿意，宋真宗也没有勉强，赐给他粮食和布匹，并让当地官员时常去慰问他一下。他一介布衣，能得到皇帝的青睐，自然也能吸引其他优秀的人。

林逋的诸多朋友中，最有名的要数梅尧臣和范仲淹了。这两位除了文人的身份，同时也是朝廷官员。林逋自己不喜欢做官，并不代表他不愿意和官员来往。对他来说，只要是有识之士，他都欢迎。

梅尧臣比林逋小三十多岁，年龄的差距没有影响他和林逋成为忘年交。某年冬天，他去孤山拜访林逋，二人对酒交谈，开怀畅饮，心情极好。为了纪念这次小聚，梅尧臣写了《对雪忆往岁钱塘西湖访林逋三首》，以下是其一：

樵童野犬迎人后，山葛棠梨案酒时。

不畏尖风吹入牖，更教床畔觅鸱夷。

林逋去世后，他的侄孙林大年收集刊印他的诗集，请梅尧臣为诗集作序。梅尧臣在《林和靖先生诗集序》中这样评价林逋：“闻宁海西湖之上有林君，崭崭有声，若高峰瀑泉，望之可爱，即之逾清，挹之甘洁而不厌也。”大致意思是，林逋的品格就像高山之上的泉水，值得人敬仰，接近他之后，愈发觉得他高尚。

范仲淹也比林逋小二十来岁，相识之前他就对林逋仰慕已久，还给林逋寄过诗，即《寄赠林逋处士》。

范仲淹是忧国忧民的朝臣，心怀天下；林逋是别无所求的隐士，只想过隐逸生活。这样两个有着截然不同理想和追求的人，却因为对彼此欣赏而成了朋友。

林逋也给范仲淹赠过诗——《送范寺丞》。

林中萧寂款吾庐，亹亹犹欣接绪余。

去棹看当辨江树，离尊聊为摘园蔬。

马卿才大常能赋，梅福官卑数上书。

黼座垂精正求治，何时条对召公车。

这首诗的写作背景是，范仲淹给朝廷呈上了一篇《上执政书》，倡议改革。后来他真的主持了一场改革，便是历史上有名的“庆历新政”，不过这都是后话了。当时林逋写诗鼓励范仲淹，他认同范仲淹的政见，也相信他能辅佐君王将大宋天下治理好。

除了范仲淹和梅尧臣，林逋还跟杭州的好几位官员有来往，其中就有杭州知州李谘。李谘刚考中进士的时候，没有什么名气，不怎么被人看好。林逋却说：“这位是辅佐朝廷的人才啊！”

林逋去世后，李谘穿着丧服痛哭了七天，和林逋的门人一起办理了他的丧事。

大文豪苏轼和林逋没有生在同一时期，但他与林逋是神交，非常敬佩林逋的高尚品德，也很推崇他的学识。他在《书林逋诗后》中写了这样一首诗。

吴侬生长湖山曲，呼吸湖光饮山绿。
不论世外隐君子，佣儿贩妇皆冰玉。
先生可是绝俗人，神清骨冷无由俗。
我不识君曾梦见，瞳子瞭然光可烛。
遗篇妙字处处有，步绕西湖看不足。
诗如东野不言寒，书似留台差少肉。
平生高节已难继，将死微言犹可录。
自言不作封禅书，更肯悲吟白头曲！
我笑吴人不好事，好作祠堂傍修竹。
不然配食水仙王，一盏寒泉荐秋菊。

苏轼将林逋称为“绝俗人”。如诗中所述，很多隐士都有高尚的品德，就连他们的佣人仆妇，也都是冰清玉洁的人。林逋和这些隐士相比，又是更加绝俗之人。可见林逋在苏轼心中的地位有多高，能得他如此赞誉。

苏轼还将林逋和其他优秀的人才类比，“诗如东野不言寒，书似西台差少肉”，指的是林逋写诗如孟郊，书法如李建中。

“东野”是唐朝诗人孟郊的字，孟郊的代表作是《游子吟》，黄口小儿都会背诵。他在后世也是很有影响力的一位诗人。

“西台”指的是北宋书法家李建中，他担任过西京留司御史台一职，被称为“李西台”。李建中虽在后世不算有名，但他的书法类似唐朝大书法家欧阳询，在当时很出众。

就像苏轼描述的那样，林逋不仅是一位优秀的诗人，也是一位优秀的书法家，有书法作品《自书诗帖》传世。苏轼的门人黄庭坚也曾给出过同样的评价：“和靖书画尤工，笔意殊类李西台，而清劲处尤妙。”

苏轼将林逋和孟郊、李建中类比，那么林逋在诗词和书法上的造诣，不言而喻。而林逋品德之高尚，才学之出众，不仅得到朋友的欣赏，后人提到他也多是溢美之词。除了花式夸他的苏轼，陆游、朱熹等名家也都纷纷给林逋点过赞。

墓中陪葬品之谜

让林逋蒙上传奇色彩的，不只他的文采，更多的是他的品行。《宋史》记载，林逋生前曾在自己的房屋旁修建坟墓，临终前还做了一首《书寿堂壁》：

湖上青山对结庐，坟前修竹亦萧疏。

茂陵他日求遗稿，犹喜曾无封禅书。

《封禅书》是西汉文学家司马相如所作的文章，他将文章献给了汉武帝，对汉武帝歌功颂德。

林逋此生不想入仕，也就不需要像司马相如一样给皇帝写《封禅书》了。这也是苏轼诗中“自言不作封禅书，更肯悲吟白头曲”的由来。

林逋生前为自己修墓，是想给自己选好最后的归处。他的门人和亲友尊重他的意愿，将他安葬在孤山。

南宋绍兴十六年（1146 年），为了建四圣延祥观，杭州不少寺庙和百姓的坟墓都被迁移到了别处，只有林逋的墓被保留了下来。

到了元朝，有盗墓者挖开了林逋的墓，本以为能找到什么奇珍异宝，没想到里面却只有一方端砚和一支玉簪。

林逋是文人，将心爱的砚台作为陪葬不奇怪，可那支玉簪给后人留下了无限的想象。有人猜测，林逋虽然一生未婚，但他一定有过一段刻骨铭心的爱情。他的《长相思·吴山青》可作为佐证。

吴山青。越山青。两岸青山相对迎。争忍有离情。

君泪盈。妾泪盈。罗带同心结未成。江边潮已平。

这是一首讲述情感的词，主角是一位为情所困的女子，主旨则是一段爱情悲剧。

“吴山青，越山青”，说的是浙江境内的两座山，即西湖东南面的吴山和诸暨城区的越山。吴山是春秋时期吴越两国的边界，越山是苎萝山和金鸡山的合称，苎萝山下的苎萝村正是古代四大美女之一西施的故里。

女子面对吴山和越山，满腹愁怨。她想将愁怨向青山诉说，青山却不懂离别之情。此刻，她正要跟心上人分别，二人执手相看泪眼，依依不舍。同心结还未结成，他们的姻缘说散就散了。最终，这位女子没能跟心上人白头偕老。

林逋能写出这样细腻的文字，极有可能经历过一段爱情悲剧。这一段感情，或许发生在他四处游历期间。而他一生未娶，也有可能是放不下这支玉簪的主人。不能跟心爱之人相守，也就没有娶妻的必要了。

林逋未婚，没有自己的子嗣，就将精力投入到对侄子林宥的培养中。林宥很争气，登进士甲科。林宥的儿子林大年也曾入仕，是宋英宗时期的御史。后来，林大年收集刊印了林逋的诗集，还特地邀请了林逋的朋友梅尧臣作序。

《西湖梦寻》中收录了明代文学家袁宏道的《孤山小记》，袁宏道提到一则小故事。

当时雷峰下有个叫虞僧儒的人，跟林逋一样没有成家，他很有文采，写诗神速，一晚上能写一百五十首之多，著有《溪上落花诗》。而且他饮食清淡，又参禅，大概是孤山的后身。

袁宏道思索着，这个虞僧儒跟林逋相比，不知道怎么样，但也算是个奇人。他发出感叹，哪个年代没有奇人呢？

是啊，哪个年代没有奇人呢？而林逋，绝对是当之无愧的奇人。

晏殊

宰相中最会写词的，词人中最会当官的

从“狸猫换太子”说起

《狸猫换太子》这一故事非常有名，民间传说和戏曲演义的版本大致是这样的：

宋真宗的两位妃子刘妃和李妃同时怀了身孕，当时皇后已薨，所以她们谁先诞下皇子就有可能被立为皇后。刘妃唯恐李妃抢在自己前面生下皇子，便和总管太监郭槐设下圈套，他们买通了给李妃接生的奶妈，让她用一只剥了皮的狸猫换下了刚出生的太子。宋真宗见李妃生下一个怪物，当即下令把她贬到了冷宫。刘妃让宫女勒死被调包的太子，宫女不忍心，转而将太子交给了八贤王抚养。

刘妃顺理成章成了皇后，她生下的儿子成了太子，但没几年太子就夭折了。宋真宗没有其他子嗣，就把八贤王的义子，也就是当年被换走的孩子，立为太子，即后来的宋仁宗。多年后，包拯查出了“狸猫换太子”的真相，宋仁宗终于和亲生母亲李妃相认。

这个故事虽是杜撰出来的，但在历史上确实有原型。原型事件是这样的：

刘妃无子嗣，就把她的宫女李氏为宋真宗生的孩子收为自己的儿子。宋真宗死后，这个孩子即位，即宋仁宗。已经是皇后的刘娥被尊为皇太后，垂帘听政。几年后，宋仁宗的生母李氏病重，刘太后将她晋升为宸妃，等到她病故，又以皇后之礼厚葬。

等到刘太后病逝，终于有人向宋仁宗禀明真相。宋仁宗非常惊讶，他痛恨自己没能为亲生母亲尽孝，一腔怨气没处发泄。李妃下葬时，撰写墓志铭的是当朝宰相晏殊，宋仁宗把气撒到了晏殊头上，将他外放去做了地方官。不过，几年之后，晏殊又被召回了朝中。

这就是晏殊和“狸猫换太子”一事的渊源。后来，“狸猫换太子”也成了以假换真的代称。

虽然有这么一个插曲，但晏殊的仕途总体来说还是顺风顺水的。他从小就是个神童，五岁能作诗，才名不胫而走。他是临川县（今属江西抚州）人，当时的临川知府张知白听说了晏殊的事迹，推荐他进京参加科考。

景德二年（1005年），晏殊才十四岁，就跟几千名进士一同参加殿试。宋真宗很欣赏晏殊，赐他同进士出身。几天后复试，晏殊一拿到题目就禀明宋真宗，他做过这样的题目，要求换题。宋真宗觉得晏殊诚实，更加欣赏他，升他为秘书省正字，于秘阁读书。其他学子这个年纪都在埋头苦读，晏殊的人生就像开了挂一样，几步就走到了“罗马”。

后来，宋真宗下旨升晏殊做太子的老师。晏殊不明白为何真宗做这个决定，第二天他见到真宗，真宗说：“我听说，其他大臣夜夜笙歌，唯有你闭门读书。只有你这样的人才有资格当太子的老师。”

晏殊说："误会啦，我不是不想跟他们一样享受宴会歌舞，只是因为我家实在太穷了，没钱享受，除了读书没有什么可以消遣的。假如我家有钱，我也会夜夜笙歌。"

真宗听了哈哈大笑，非但没有怪罪晏殊，反而觉得他诚实，更加信任他。

真宗驾崩后，即位的宋仁宗也很看重晏殊。不过晏殊能一路官至宰相，其中一个原因是他得到了刘太后的赏识。后世常说的"垂帘听政"典故，便是从晏殊开始的。

刚继承大统时，仁宗尚年幼，完全无法掌控整个朝堂。宰相丁谓和枢密使曹利用妄图独揽大权，想单独向太后上奏。朝中大臣惧怕他们二人的权势，没人敢提出反对意见。只有晏殊仗义执言，他提议说："群臣奏事太后者，垂帘听之，皆毋得见。"意思是，群臣向太后上奏，太后隔着帘子听，这样就不会看到是谁在上奏了。

太后本来就怕丁谓权势滋长，她对晏殊这一提议非常满意。于是，在其他大臣的支持下，太后开始了她的临朝称制生涯，成了大宋历史上第一位摄政的太后。刘太后去世后，追封谥号"章献明肃"。

晏殊因这一提议有功，升官为右谏议大夫兼侍读学士，太后也非常倚重他。

大力抓教育，门生皆大佬

天圣五年（1027 年），晏殊因为跟太后唱反调，得罪了太后。又因他某次在玉清宫用笏板撞掉了侍从的牙，被御史大夫弹劾，外放到了宣州（今安徽宣城），几个月后，又改任应天府（今南京）。

被贬官后的晏殊没有气馁，而是从基层做起，开始大力发展教育。范仲淹就是在那时候得到了晏殊的提拔，成了他的得意门生。

除了范仲淹，晏殊还培养了其他一大批优秀的人才。比如宋祁、欧阳修、韩琦，还有后来成为他女婿的富弼，以及他那大名鼎鼎的才子儿子——晏几道。

在所有门生中，晏殊最看重的是宋祁，对欧阳修却不怎么喜欢。某日，欧阳修和其他几个文人到晏殊家拜访，晏殊摆下非常丰盛的酒宴招待他们。这也应了晏殊对宋真宗所坦诚的话，他确实也是喜欢酒宴生活的。

酒宴当天下着大雪，欧阳修想到范仲淹正带兵在前线打仗呢，晏殊府上却歌舞升平，于是有感而发，写了一首《晏太尉西园贺雪歌》。这首诗的后半部分言辞犀利，像是在指责晏殊只顾享乐，忽略了边疆受冻的战士。以下是节选的犀利部分：

晚趋宾馆贺太尉，坐觉满路流欢声。
便开西园扫征步，正见玉树花凋零。
小轩却坐对山石，拂拂酒面红烟生。
主人与国共休戚，不惟喜悦将丰登。
须怜铁甲冷彻骨，四十余万屯边兵。

对此，晏殊不是很开心，和欧阳修之间渐渐生了嫌隙。不过这些也都是后话了。

总而言之，晏殊在教育事业上的成就可圈可点，因而《宋史》

对他的评价是："自五代以来，天下学校废，兴学自殊始。"意思是，自从五代以来，天下的学校荒废，兴办教育是从晏殊开始的。

能在教育上做出如此成就，并培养出这么多人才，晏殊本人的才学自是不必多说。王国维提出的人生三层境界，第一层"昨夜西风凋碧树，独上高楼，望尽天涯路"就出自晏殊的《蝶恋花》。

槛菊愁烟兰泣露，罗幕轻寒，燕子双飞去。明月不谙离恨苦，斜光到晓穿朱户。

昨夜西风凋碧树，独上高楼，望尽天涯路。欲寄彩笺兼尺素，山长水阔知何处？

在晏殊所有作品中，达到众所周知程度的或许就是这首《蝶恋花》了。词本身就写得绝妙，王国维的点评自然也起到了关键作用。

很难想象，处理朝堂大事一丝不苟的晏殊，居然也能写出如此哀婉的词。晏几道婉约多情，看来某一部分也是遗传自他的父亲。

被贬到应天府的晏殊，由于工作上表现出众，很快就被召回朝中。明道元年（1032年），晏殊担任了参知政事一职，相当于副宰相。刘太后之前虽对晏殊有些许不满，但还是念及旧情的，她对他比较信任，就连拜谒太庙想穿衮冕，都征求了晏殊的意见。晏殊以《周官》中规定的太后服饰回答，劝阻太后不要穿衮冕。因为衮冕是皇帝才能穿的衣服。

明道二年（1033年），刘太后去世，宋仁宗亲政。历史上不少皇帝亲政后都会做一件同样的事，就是把太后临朝时重用过的臣子外放。仁宗也不例外，他把晏殊外放到了亳州（今安徽亳州）当知州。

这是晏殊人生中的又一次贬官生涯，好在他心理素质好，无论怎么贬谪，他总是能在最短的时间内“回血”。这次也一样，他没几年就被召回京城了。

庆历二年（1042 年），晏殊正式拜相，开始了他政治生涯中的巅峰时期。彼时他的门生，如范仲淹、欧阳修、富弼等人，都处于仕途的上坡阶段，同时他们还在办一件大事——推行历史上有名的“庆历新政”。

太平宰相，词中圣手

晏殊仕途中较大的坎，大概就是替李宸妃写墓志铭一事了。《宋史》记载：“孙甫、蔡襄上言：‘宸妃生圣躬为天下主，而殊尝被诏志宸妃墓，没而不言。’又奏论殊役官兵治僦舍以规利。坐是，降工部尚书，知颍州。”大致意思是，朝臣孙甫和蔡襄就李宸妃墓志铭一事弹劾晏殊，又上奏说晏殊动用官兵来给自己修宅邸。于是乎，晏殊被降职为工部尚书，贬到了颍州。

尴尬的是，晏殊的罢相诏书还是他的学生宋祁起草的。宋祁丝毫没有因为晏殊是他老师而留情面，诏书中的言辞十分犀利，那叫一个铿锵有力。可就在头一天晚上，他俩还在一起饮酒赋诗呢。因此，晏殊心里十分不痛快。被贬到颍州后，他写了一首《吊苏哥》。

苏哥风味逼天真，恐是文君向上人。
何日九原芳草绿，大家携酒哭青春。

苏哥是一位营妓，因情人负心薄幸，她在郊外痛苦而亡。据说晏殊写这首诗，表面上是在悼念营妓苏哥，实际上是讽刺宋祁不念师徒之情，落井下石，还不如一位女子专一。

如蔡绦所著的《西清诗话》记载："元献初罢政事，守亳社，每叹士风凋落。一日，营妓曰刘苏哥，有约终身而寒盟者，方春物暄妍，驰骏马出郊，登高冢旷望，长恸遂卒。元献谓士大夫受人眄睐，随燥湿变渝，如翻覆手，曾狂女子不若，为序其事，以诗吊之。"

晏殊去世后被追封谥号"元献"，文中的"元献初罢政事"指的就是晏殊罢相一事。

然而后人又说，晏殊委实错怪了宋祁。宋祁之所以将贬官诏书写得那么犀利，不过是想平息宋仁宗的怒气罢了。而且，若非宋祁仗义执言，宋仁宗也不会从轻发落，只是将他贬到颍州当知州。

这以后，晏殊几经易官，担任过礼部尚书、刑部尚书、户部尚书，官阶虽不低，但再难回到他当宰相时的辉煌。宋仁宗肯在贬官后再次重用晏殊，看得出他对晏殊还是器重的。

至和元年（1054年），晏殊已经六十多岁了，身体一日不如一日，他上奏请求回京养病，病愈后再出京复职。宋仁宗恩准，并留晏殊在京为自己讲经释义。仁宗每隔五日让晏殊觐见一次，给晏殊的待遇也跟他当宰相时一样。

只可惜晏殊没能熬过病痛的折磨，于至和二年（1055年）卒于京城。值得欣慰的是，晏殊是富贵而终的，走得很安逸。

晏殊传世的作品中，受世人喜爱的远不只"昨夜西风凋碧树"，广为传唱的还有这首《浣溪沙》。

一曲新词酒一杯。去年天气旧亭台。夕阳西下几时回。

无可奈何花落去，似曾相识燕归来。小园香径独徘徊。

这首词中最出名的一句是“无可奈何花落去，似曾相识燕归来”。不过关于这句，《苕溪渔隐丛话》的说法是，下句并非晏殊本人所作，而是出自一个叫王琪的小官。

某日，晏殊路过扬州，在大明寺下榻休息。他看见寺庙墙壁上题了很多诗词，就让侍从读给他听。其中有一首写得特别好，晏殊十分惊喜，忙让侍从去打听。侍从禀报，写这首诗的人是江都县尉王琪。

晏殊佩服王琪的才华，特意去寻找了他。二人交流一番之后，他对王琪说：“我每次想出个好句子就写在墙上，然后琢磨下句，但是有个句子，几年了我都没能对出来。”王琪问是什么句子，晏殊回答：“无可奈何花落去。”王琪马上回了句：“似曾相识燕归来。”晏殊听完，连称妙极。

上下两句浑然天成，完全看不出这不是同一人所作。不过《苕溪渔隐丛话》记录的这一说法存在争议，很难分辨到底是真是假。若真是如此，这首词也算有王琪的一部分版权呢。

论政绩，晏殊在历史上算不得前无古人；论诗词，晏殊也称不上后无来者。但是能将政治成就和文学成就结合得如此完美的，晏殊恐怕是第一人了。由于一直生活在太平年代，晏殊被称为太平宰相。又因他的文学造诣高，他又被称为“词人宰相”。

宋祁

一门双状元，『红杏尚书』留美名

被拉下马的状元

天圣二年（1024 年），一对寒窗苦读多年的兄弟进京赶考。这兄弟二人均是满腹经纶的才子，不仅同榜考中进士，礼部宣布最终结果时，弟弟直接高中状元，哥哥也不差，考取了探花。

一家同时出了两名进士，且都入了三甲，这本是普天同庆的喜事，可成一段佳话。孰料，中途发生了一点小小的变故。当时朝堂除了皇帝宋仁宗之外，最有话语权的是章献明肃太后，即前文提到的刘太后。章献明肃太后认为，弟弟排在哥哥前面有悖常理。于是，在太后的授意下，哥哥被提上了状元之位，弟弟则不幸地掉到了第十名。

以现如今的观点来看，这或许是件荒唐的事，可是在那个年代却似乎理所当然，恐怕连失去状元宝座的弟弟本人都不会有太大意见。长幼有序，合情合理。更何况，以章献明肃太后的身份地位，宋仁宗都敬她三分，更别说其他朝臣了。

章献明肃太后自身的经历十分具有传奇色彩，她本名刘娥，是蜀地的一位歌女，后来嫁给了一位银匠，夫妻二人辗转到了汴京生活。银匠因太过拮据，把刘娥卖到了襄王赵恒的府上。赵恒很喜欢刘娥，对她宠爱有加。后来赵恒继承大统，即宋真宗。

刘娥凭借着自身的聪慧和真宗的喜爱，于景德四年（1007 年）登上后位。真宗驾崩后，刘娥被尊为皇太后，垂帘听政，辅佐宋仁宗治理朝政。她不仅有脑子，而且有手腕，是宋朝第一位摄政太后，其权势威望直逼汉朝的吕后和唐朝的女皇武则天。她在历史上的评价也很高，史书称她“有吕武之才，无吕武之恶”。

兄弟俩状元易位的事，既然是章献明肃太后的意思，那就这么愉快地被决定了。这位倒霉的弟弟就是北宋著名文学家——宋祁。他那幸运的哥哥名宋庠，也是宋朝颇有名望的朝臣。兄弟俩同朝为官，人们用大宋、小宋来区分他们。

宋氏兄弟状元易位的故事，《宋史》中有记载：“祁字子京，与兄庠同时举进士，礼部奏祁第一，庠第三。章献明肃太后不欲以弟先兄，乃擢庠第一，而置祁第十。人呼曰‘二宋’，以大小别之。”

不过，尽管宋祁没了状元头衔，他凭实力考中状元却是不争的事实。因此，宋祁和宋庠被称为“双状元”。在他们的老家雍丘（今河南杞县），至今仍立着纪念他们的“双状元塔”。双塔碑文记载：

“自天圣初，二宋以兄弟首擢双魁，人以为双浮图之应。”

论学问，宋祁和宋庠不相上下，但宋祁能在科举中拔得头筹，自然有他的过人之处。至少在后世，宋祁的名声比宋庠响亮。或许，这得归功于他的成名作《玉楼春·春景》。

东城渐觉风光好。縠皱波纹迎客棹。绿杨烟外晓寒轻，红杏枝头春意闹。

浮生长恨欢娱少。肯爱千金轻一笑。为君持酒劝斜阳，且向花间留晚照。

这首词在后世也流传甚广，在当时也很有名。因“红杏枝头春意闹”这句词，宋祁还被赠以“红杏尚书”的美称。其中，“闹”字深得《人间词话》作者王国维赞赏，王国维认为，这是整首词的点睛之笔。景色本是静态，宋祁却以“闹”字写出了动态美，活灵活现。

据说，宋祁这首《玉楼春·春景》写于一次偶然游湖之后。

早春城东万紫千红，风光无限，宋祁坐在船上，不知不觉沉醉在了风光之中。万顷碧波，杨柳垂烟，拂晓的寒气在四周萦绕。他忽然注意到远处的一簇红杏，密密匝匝挤在枝头，仿佛在炫耀自己的勃勃生机。由红杏始，他顿时觉得春意盎然，美不胜收。

宋祁并非独自一人游船，而是与美丽的歌伎一起。或许歌伎也因为被春天的美景感染，笑得十分灿烂。宋祁则被佳人的微笑感染，顿时觉得人生在世还有什么比快乐更重要？就像此刻的自己一样，有美景在前，有美人相伴，有巧笑在耳，这样的快乐就算用千金来买也是值得的。

宋祁或许没想到，他一时兴起写的词，名噪千古。

偶然邂逅的一段情

在“红杏枝头春意闹”的光环下，宋祁其他诗词的知名度显得稍微弱了些，但这不代表他江郎才尽，没有好作品了。在当时，宋祁的《鹧鸪天》也是相当有影响力的。

> 画毂雕鞍狭路逢，一声肠断绣帘中。身无彩凤双飞翼，心有灵犀一点通。
>
> 金作屋，玉为笼，车如流水马游龙。刘郎已恨蓬山远，更隔蓬山几万重。

“身无彩凤双飞翼，心有灵犀一点通”出自李商隐的《无题》，“车如流水马游龙”则出自李煜的《望江南》。宋祁将这二人的诗词巧妙嵌入，填作一首新词，记录的是他某日回家路上的一次美丽邂逅。

南宋人黄昇的《花庵词选》中记载了宋祁的这次邂逅：

> 子京过繁台街，逢内家车子，中有褰帘者曰：“小宋也。”子京归，遂作此词。都下传唱，达于禁中。仁宗知之，问内人：“第

几车子，何人呼小宋？”有内人自陈：“顷侍御宴，见宣翰林学士，左右内臣曰：‘小宋也。’时在车子中偶见之，呼一声尔。”上召子京从容语及。子京惶惧无地。上笑曰：“蓬山不远。”因以内人赐之。

大致意思是，宋祁路过繁台街，碰到一辆从宫里出来的马车。就在马车和宋祁擦肩而过的时候，有一女子掀起帘子，说了句：“这是小宋啊。”

宋祁考中进士后，和宋庠并称“大小宋”，兄弟二人的才名一度成为美谈，宫中女子知道他不足为奇，不过这句柔软的话语一直萦绕在宋祁心头。或许他并没有看清这位宫女是谁，但缘分就是这么奇妙，一句“小宋”便让宋祁难以忘怀，他把邂逅的场景和对女子的思念写入词中。谁知，这首词渐渐流传开来，没过多久，居然传到了宋仁宗耳朵里。

宋仁宗估计也觉得这件事有点意思，他抱着八卦的心态，询问了当时出宫的宫人们，是谁在车上喊了一句“小宋”。有宫女主动坦白，她早就知道宋祁的才名，在一次御宴上听到仁宗宣召翰林学士，正好有内臣提到，说这位翰林学士就是大名鼎鼎的宋祁，她便记下了。没过多久她随车出宫，正好在繁台街遇见宋祁，就顺口喊了一声。

宋仁宗听完，把宋祁召来，问了他当天发生的事。宋祁以为宋仁宗要责怪他，内心惶恐不安。不过仁宗是历史上出了名的宽厚仁慈的皇帝，他并没有介怀，反而有意要成全宋祁。因宋祁在《鹧鸪天》中写了“刘郎已恨蓬山远，更隔蓬山几万重”，宋仁宗便笑着说“蓬山不远”，然后把那名宫女赐给宋祁，成就了一段佳话。

宋祁留给后人最深刻的印象，除了“红杏枝头春意闹”，应该就是编纂《新唐书》一事了。在《新唐书》问世前，时人参考的是成书于五代时期的《旧唐书》。由于时代的局限性，《旧唐书》很多地方存在问题，欧阳修代曾公亮所作的《进新修唐书表》评价其“纪次无法，详略失中，文采不明，事实零落”。

于是，在宋仁宗的主导下，编纂《新唐书》的工作小组正式成立。这个小组的成员有欧阳修、宋祁、范镇、吕夏卿、梅尧臣等。《新唐书》成书后，被后世列为“二十四史”之一，是一部记录唐朝历史的纪传体断代史，对后人研究唐朝的历史和文学有至关重要的作用。

中状元，写诗词，修史书……这么多光环加身，宋祁可以说是当之无愧的文学家和史学家，才华出众的他也有不少志同道合的友人。在与宋祁相交的朋友中，除了与他同修史书的欧阳修，名气最大的应该就是宰相晏殊了。

晏殊是宋祁的老师，他素来欣赏宋祁，为了串门方便，晏殊和宋祁的府邸还是挨着的。二人经常把酒言欢，诗词往来。而宋祁和晏殊的关系不仅仅是酒肉朋友，他们是师徒，更是知己。如北宋魏泰著的《东轩笔录》记载：“昔晏元献当国，子京为翰林学士，晏爱宋之才，雅欲旦夕相见。遂税一第于旁近，延居之，其亲密如此。”

在生活态度上，宋祁是个懂得享受的人。据传，宋祁府上有妻妾十余人，某日他在外面游玩，觉得天冷，就让家里送件衣服来。不曾想到，他那十几位妻妾每人送了一件来，他顿时懵了，不知道该穿哪件好。哥哥宋庠在这一点上则跟弟弟宋祁相反，是个兢兢业业、严肃认真的朝臣，平时生活比较朴实，仕途也比弟弟走得好，曾经官至宰相。

宋祁主要活跃在宋朝政治比较清明的年代，虽然也遇到过几次贬谪，但跟苏轼、黄庭坚等命途多舛的文人相比，宋祁的人生可以说是比较顺遂的。加上他本就是个享乐主义者，功成名就之后，他的生活一度安逸，一生中应该没什么大的遗憾了。而“红杏尚书”这个美称也一直伴随他，流传至今。

晏几道

贵公子和他最后的倔强

出生在“罗马”的多情少爷

晏几道的起点是绝大部分人终其一生都够不到的终点，他父亲是当朝宰相晏殊。而他出生时，晏殊已年近五十，老来得子的晏殊对这个小儿子自然是百般疼爱。锦衣玉食，众星捧月，在这样的环境中长大，很难不慵懒。

如果晏几道只是一个贪图享乐的人，那后人也不会记得他了。他和父亲晏殊一样，从小就是个神童，年幼时就能填词作诗，14 岁参加科举，考中进士。这样的人生轨迹，跟晏殊如出一辙。可惜晏几道对入仕做官没什么兴趣，他的哥哥们一个个迈入仕途，兢兢业业工作去了，他却是个“躺平主义者”。他留下的词作，其内容基本也都是风花雪月。

在文学成就上，晏几道和晏殊父子俩并称“二晏”，又称“大小晏”。在宋朝词坛，这样的荣耀除了他们，也就只有苏家的父子三人了，即苏洵、苏轼、苏辙。后人普遍认为，晏几道的词与晏殊相比，可以说是青出于蓝而胜于蓝。

晏几道又常被后人拿来与清朝著名的才子纳兰性德比较。纳兰性德，字容若，大学士纳兰明珠之子，清朝三大词人之一。晏几道和纳兰性德一样，系出名门，富贵傍身，从小过着无忧无虑的生活；年少成名，才华横溢，在词坛名声斐然；他们一样多才多情，笔下的文字细腻婉约，不俗不媚；纳兰性德有《饮水词》，晏几道有《小山词》……

贵公子晏几道对做官没什么兴趣，平日里最大的爱好是跟朋友们办 party，写诗作词，喝酒赏歌舞。他在《小山词》的序言中说：“始时，沈十二廉叔，陈十君宠家，有莲、鸿、蘋、云，品清讴娱客。每得一解，即草授诸儿。吾三人持酒听之，为一笑乐。”大致意思是，晏几道的好朋友沈廉叔和陈君宠的家中，有四位出众的歌女，分别叫莲、鸿、蘋、云。他每写一首词就交给歌女们唱，三人一边喝酒一边欣赏。

晏几道的代表作《临江仙》就与其中一位歌女小蘋相关。

梦后楼台高锁，酒醒帘幕低垂。去年春恨却来时。落花人独立，微雨燕双飞。

记得小蘋初见，两重心字罗衣。琵琶弦上说相思。当时明月在，曾照彩云归。

从字里行间来看，小蘋对晏几道而言，意义是不一样的，他与她的感情应该很好。他出身名门，接触过的女子必然不少，歌女就更不用说了。那时候的文人贵公子，哪个身边不围绕着几个歌女舞女？能让晏几道有所牵挂，并特地作词怀念她，想必小蘋是位才艺双绝的女子，她应是有她的过人之处。

晏几道与小蘋第一次相见时，她青涩美丽，穿着一件印有两重心字连环图案的罗衣。这里的“两重心字罗衣”是当时很流行的一种服饰。古人也赶时髦，用篆书画两个心字的连环图案在身上，寓意心心相印，永结同心。

当时的歌女都喜欢穿这种衣服，晏几道不可能没见过，可穿在小蘋身上，偏偏有一种与众不同的美丽。他看见她婀娜而来，抱着琵琶轻拢慢捻，似在弹曲，却又似在默默诉说着心中的相思。

一年后的午后，晏几道从梦中醒了过来。他之前喝了酒，脑袋还是昏昏沉沉的，他睁开睡眼，看到了低垂的帘幕，还有窗外静静伫立的楼台。这个时候，小蘋应该已经不在京城了。

据记载，晏几道这两位好友家中先后发生了变故，莲、鸿、蘋、云四位歌女也逐渐流落，不知身在何处。

晏几道怀念和友人聚会的快乐时光，怀念与小蘋的初见，于是作《临江仙》。他与小蘋之间的感情，严格意义上来说算不得爱情，他也不只为小蘋一个歌女写过表达相思的词。但可以肯定的是，晏几道对小蘋有不一样的好感。小蘋给他留下的印象非常美好，他喜欢小蘋的美丽多情、天真烂漫，渴望能与她再相见，只可惜这样的愿望最终没能实现，思念她时，唯有酒后在梦中相见。

不过，小蘋只是晏几道人生中的一个过客，他一生起伏，词中所追忆的，又何止一个小蘋。

孤傲的“四痴”公子

至和二年（1055 年），晏殊去世，彼时晏几道还是个十七岁的少年。除了父亲留下的部分家业，晏几道主要依附兄嫂生活。对于本来过着养尊处优生活的他来说，父亲去世无论在哪方面来说都是一个巨大的打击。

起初，晏几道的生活还算安稳。父亲的门生遍布朝廷，且都担任要职，大家多少还是会给晏家面子的，何况他的姐夫富弼还是当朝宰相。他靠荫封做了太常寺太祝，官职不大，却很清闲。

不过晏几道始终坚守初心，对当官没啥兴趣，也没啥天赋。上天对他的偏爱，一半用在了出身上，另一半用在了才学上。身为一个才子，晏几道很爱读书，他的积蓄估计除了吃喝玩乐，其余都用在了买书读书上。

《墨庄漫录》（南宋张邦基撰）记载：“晏叔原聚书甚多，每有迁徙，其妻厌之，谓有类乞儿搬漆碗。”叔原是晏几道的字。这段话的大致意思是，晏几道的书很多，每次搬家他的妻子就很头疼，说就像乞丐搬漆碗一样。

熙宁七年（1074 年），晏几道遭遇了他人生中的第一个危机。他的好友郑侠给宋神宗呈送了一幅《流民图》，抨击新党，并请求废除王安石推行的新法。郑侠的这一行为给他带来了灾祸，他被流放到了英州（今广东英德）。他的政敌在他家里搜出了晏几道写给他的一首诗——《与郑介夫》。

小白长红又满枝，筑球场外独支颐。

春风自是人间客，主张繁华得几时？

这首诗被认为是讽刺新政，百口莫辩的晏几道因此被下狱。

曾经锦衣玉食的贵公子晏几道哪里吃过这样的苦！早在这件事发生的几年前，富弼就因反对王安石变法而连遭贬谪，后来干脆告老还乡了。朝中无人说话，晏几道的处境着实不太妙，他在狱中的日子想必是非常煎熬的。所幸，后来宋神宗还是释放了他。

元丰五年（1082 年），晏几道在颍昌府许田镇当了一个小官。《邵氏闻见后录》记载：“（晏几道）监颍昌府许田镇，手写自作长短句，上府帅韩少师，少师报书：‘得新词盈卷，盖才有余而德不足者。愿郎君捐有余之才，补不足之德，不胜门下老吏之望’云。”大致意思是，晏几道在颍昌府时，因上司韩维是晏殊的门生，他便写了长短句呈给韩维，结果韩维完全没有给老师的儿子留面子，给出的评价很不好听，说晏几道才学有余、德行不足。

据说，晏几道因此再也不跟韩维来往了。代入一下，“才有余而德不足”这样的话，换谁听了心里都不会舒服。晏几道再不济也是前宰相的儿子，出身名门，哪能受这样的委屈！而他本就是个心高气傲的人，连大学士苏轼的面子都不会给。

《砚北杂志》记载了这么一个小故事。晏几道跟黄庭坚是至交好友，而黄庭坚是苏轼的门生兼好友。苏轼很喜欢晏几道的词，就托黄庭坚牵个线，想结识一下晏几道。谁知，晏几道却对黄庭坚说："今日政事堂中半吾家旧客，亦未暇见也。"大致意思是，现在朝堂中的官员，有一半都是我们家旧日门客呢，我也没时间见他们。画外音，我既然不见他们，也就不想见苏轼了。

要知道，苏大学士那会儿正当红，多少人想拜谒他都没路子，晏几道却已经处在人生的没落期了。在这样的情况下，他连大名鼎鼎的苏轼都懒得见，可见心气有多高了。

大概，这就是宰相公子的本心吧，即便人生不再得意，心气也不可能变低的。他不仅对苏轼表现出孤傲的心性，对权倾朝野的蔡京也是“一视同仁”。

《碧鸡漫志》记载，大观年间，蔡京身边的人分别在重阳、冬至两个节日来找晏几道，说是蔡相想求他的词。晏几道倒是没太拂了蔡京的面子，写了首《鹧鸪天》。词还行，但没有一个字是跟蔡京有关的，说是给其他任何人写的也不违和，大概他压根儿不想写词阿谀奉承蔡京。

这原本是一个极好的结交权贵的机会，晏几道却无所谓，爱咋咋地。所以《碧鸡漫志》的作者王灼对晏几道的评价是：“叔原年未至乞身，退居京城赐第，不践诸贵之门。”

想来也是，晏殊门生遍布朝野，俗话说，瘦死的骆驼比马大，晏几道但凡攀附一下关系，也不至于沦落到如此境地。或许对晏几道来说，谋个一官半职，平步青云，飞黄腾达……都不重要。他只想安稳度过晚年，完成他倾注一生心血的《小山词》。

难怪黄庭坚称晏几道为“四痴”。此四痴，如黄庭坚在《小山词》序言中所说：“仕宦连蹇，而不能一傍贵人之门，是一痴也；论文自有体，不肯一作新进士语，此又一痴也；费资千百万，家人寒饥而面有孺子之色，此又一痴也；人百负之而不恨，己信人，终不疑其欺己，此又一痴也。”

晏几道不比父亲晏殊，一生太平，富贵而终。父亲给了他高贵的出身，却不能保证他一生安稳。上天给了他非凡的学识，却没有给他一颗圆滑世故的心。他不会左右逢源，不屑结交权贵，只愿坚守本心。这就是宰相公子最后的倔强——做自己！

王安石

就算与全世界为敌

鹌鹑命案和登州妇人杀夫案

后世之人听到王安石的名字，十有八九会脱口而出：王安石变法。可泱泱大宋，人才济济，偏偏是王安石主导了推行新法一事，并非无迹可寻。且不论历史上这次变法的对错，王安石敢提出这一主张，跟他本人的经历和性格有很大的关系。

王安石是一个非常自信且倔强的人，《宋史》明确给他盖了章：“安石性强忮，遇事无可否，自信所见，执意不回。”意思是说，王安石很倔，遇事不论对错，他都很自信，只要是他认定的事，绝不改变。而他这一性格特征，从他为官时判过的两个案子就能窥见一二。

唐宋时期，民间流行斗鹌鹑。这项娱乐活动跟斗鸡大同小异，具体怎么个斗法，宋朝诗人梅尧臣写过一首《斗鹌鹑孙曼叔邀作》，可供参考。

脱命秋隼下，鸣斗自为勇。

争雄在数粒，一败势莫拥。

惭将缩袖间，怀负默而拱。

胜且勿苦欣，犹惊辱与宠。

既然有斗鹌鹑的活动，就会有人专门饲养适合打斗的鹌鹑。当时京城有位少年得到一只擅斗的鹌鹑，他的朋友问他要，他不给。朋友仗着自己跟少年关系好，直接把鹌鹑夺走了。少年追了上去，在争夺过程中他把朋友杀死了。这个案子被报送开封府，开封府判少年死刑。

这时，王安石提出了反对意见。他认为，按照大宋律法，公开的抢夺和偷窃行为，都属于“盗”，少年不肯把鹌鹑送给朋友，朋友却非要拿走，他这是盗！少年追上去并杀了他，属于追捕盗贼，虽然最终的结果是杀死了他，但不能以杀人论罪。

王安石弹劾开封府错判案件，开封府不服，朝廷又让审刑院和大理寺复审了这个案件。审刑院和大理寺给出的判决均与开封府一致——死刑。

此处需简单插叙一下宋朝的司法机构和司法程序。

开封府是北宋的京师府衙。大理寺是最高审判机构，负责审核各地刑事案件，相当于大宋最高人民法院。刑部负责复审大理寺审判的案件。审刑院稍微复杂一点，由知院和六位详议官组成，权力高于大理寺和刑部，因为其隶属大内，由皇帝直接掌控。审刑院也是北宋特有的机构，于太宗年间成立，神宗年间撤销，撤销后其职能归并到刑部。

按照宋朝的司法程序，开封府断完案，需把案件详情和审判结果呈送到大理寺审核，大理寺审完报给刑部复审，刑部复审完还得呈送审刑院。也就是说，交到审刑院的案件，最终下决断的是皇帝本人。

连审刑院也给出了跟开封府一样的判决，鹌鹑命案到此本该结束，该判判，该死刑死刑，不该再有任何异议。皇帝对王安石应该是有偏爱的，下诏赦免了他错误弹劾一事，只让他去开封府道个歉，这事就算过去了。换作其他人，皇帝都这么说了，哪怕做做样子也得登门谢罪去啊。可王安石是个倔脾气，他说：“我没错，我没罪，我不道歉……”

王安石拒不道歉这一行为引起了御史们的不满，他们就此弹劾王安石。不过皇帝没有治王安石罪，这件事也就不了了之了。至于鹌鹑案中杀人的少年，史料中没有给出明确的下文，大概率是维持原判。

虽然鹌鹑命案的结局没有因王安石的坚持而改变，但在另一个案件中，王安石拥有了绝对的话语权，并得到了当时的皇帝宋神宗的认可，便是登州（今山东境内）妇人杀夫案。

这个案件听来有些离奇，熙宁元年（1068 年），登州一妇人在为母亲守孝期间出嫁，因嫌自己丈夫长得丑，妇人起了杀心。她在夜里持刀杀丈夫，丈夫没死，但受了重伤。官府来查时，妇人自首，承认了自己的罪行。大理寺和审刑院对这个案件给出的审判结果一致，判妇人死刑。王安石则认为不然，他用大宋律法辩驳，说妇人的丑丈夫既然没死，那就不算杀人罪，而是杀人未遂，属于严重伤害罪，应以二等论处。

这个时间节点很微妙，熙宁元年，王安石正准备推行新法。登州妇人这个案件怎么判，关系到他的主张能不能得到朝堂认可。自然，宋神宗接受了王安石的建议，并把他提出的这一条定为律法。

以上两个案件，均在《宋史》中有所记载。关于登州妇人杀夫案，宋神宗还特地召王安石和司马光商议，两人意见相左，吵翻了天。最终神宗认可王安石的观点，也间接体现了神宗的态度，他是支持王安石变法的。

王安石对这两个案子的态度也足以说明，他足够优秀，足够自信。这也是为什么他敢于提出变法主张。因为他自始至终认为变法是正确的，他也坚信他可以成功。

熙宁二年（1069 年），历史上著名的“王安石变法”正式开始。

我没病，我只是天生脸黑

别看王安石在正史中的形象很严肃，一心搞事业，一丝不苟，兢兢业业，鞠躬尽瘁，可是在古代流传下来的诸多笔记中，他是妥妥的喜剧人。

不知是不是因为工作太忙了，王安石不爱洗澡，也不爱洗脸。这个事情一流传出去，“王安石不爱洗澡二三事”成了段子，频繁出现在各类笔记中。

北宋著名科学家沈括的《梦溪笔谈》中就有一篇《王荆公不受紫团参》，王荆公即王安石。文中记载，王安石面色黑黄，他的门人担心他生了什么病，就去问医生。医生看完之后，轻描淡写来了句：“没事儿，他只是脸上有污垢，不是生病。”

门生遵医嘱，拿了澡豆给王安石洗脸，王安石果断拒绝了。他倔强地说：“上天赐给我一张黝黑的脸，澡豆有什么用啊！”总之，洗脸是不可能的，坚决不洗。

澡豆，可以理解为古代的香皂，从魏晋南北朝就开始流行了，一直沿用到宋朝。制作澡豆的配方有很多种，相当于后世不同香味的香皂或沐浴露，其原材料是豆粉混合各种香料或中药。孙思邈的《千金翼方》记载：“面脂手膏，衣香澡豆，士人贵胜，皆是所要。”

如果王安石真的是因污垢太多而脸黑，那么，只要用澡豆一洗，肯定能白回来好几个度。也不知他是真的坚信自己天生脸黑，还是觉得这事传出去太没面子，索性嘴硬到底：就是脸黑，天生脸黑！换作其他人，后者可能性极大，大小是个官呢，不要面子的吗？但王安石不是别人，是以倔强闻名的王安石啊！所以合理怀疑，他是真的发自内心觉得，他天生脸黑。

又如宋词人叶梦得撰写的宋代史料笔记《石林燕语》中记载，王安石平日不修边幅，经常不洗澡，他的朋友们便相约，每一两个月带王安石去洗一次澡，这项活动被称为“拆洗王介甫”。“介甫”是王安石的字。朋友们轮流拿新衣服给王安石换，王安石洗完澡看见新衣服就直接穿上，也不问是哪里来的。

一则很有爱的小故事，能看出王安石和朋友们的关系很亲厚，同时也能看出，他是真的很不爱洗澡！怎么能一两个月不洗澡呢？

《梦溪笔谈》和《石林燕语》的作者都是北宋人，和王安石生活的年代不会相隔太远，他们编段子的可能性不大。况且，王安石不爱洗澡这种私事，连《宋史》中都有所记载：“安石未贵时，名震京师，性不好华腴，自奉至俭，或衣垢不浣，面垢不洗，世多称其贤。”

北宋是沐浴文化盛行的一个年代，公共澡堂非常普遍。那时的澡堂有一个好听的名字，叫“香水行”，汴京城内有一条街巷因遍布澡堂而得名“浴堂巷”。苏轼就是个出了名的洗浴爱好者，还以此为主题写过两首《如梦令》，以下是其中一首：

> 自净方能净彼，我自汗流呀气。寄语澡浴人，且共肉身游戏。但洗，但洗，俯为人间一切。

黄庭坚在他的日记《宜州家乘》中记载，他被贬到宜州期间，因条件有限无法在家洗澡，就去了当地的民家澡堂。没有条件都要创造条件，足见黄庭坚对洗澡一事有自己的坚持。

苏轼、黄庭坚都是北宋文人，和王安石处于同一时期。其他人都对洗浴乐此不疲，唯独王安石嗤之以鼻，倔强地做人群中不一样的烟火，也是件蛮有意思的事。

由于众多古籍中都有描述王安石不爱洗澡一事，明朝的故事大户冯梦龙在他的笔记小说集《古今谭概》中也写了一个跟王安石有关的笑话：

王安石的夫人吴氏有洁癖，非常爱干净，和王安石不太合得来。王安石从江宁回来，家里有一张公家的藤床，吴氏借用后一直没归还。公家人来索要，身边的人都不敢说什么。于是，王安石光脚上了藤床，在上面躺了很久。吴氏看见这一幕，立刻让人把藤床还了回去。

若是王安石本人听到这个笑话，估计要感叹，怎么越传越离谱了？不爱洗澡怎么了！不爱洗澡不是罪，我没错！

不服来战，孤勇者的绝唱

王安石除了“变法”这一标签，还有一个很重要的身份，他是“唐宋八大家”之一。也就是说，除了是政治家，他同时也是一位赫赫有名的文学家。

在正式开展变法工作之前，王安石做了充分的准备。其中不得不提的一项是，他曾向宋神宗呈上了一篇《本朝百年无事札子》。这篇文章写得铿锵有力，掷地有声，详细阐述了北宋立国之本和存在的危机。从结果来看，宋神宗是被王安石说服了的。

王安石之所以能掌握变法的主动权，很重要的一个原因是宋神宗的支持。而宋神宗支持王安石，除了迫切想改变北宋朝廷内忧外患和积贫积弱的局面，很重要的一个原因是王安石提出的改革思想很有说服力。

当时的北宋朝廷，保守派官员不在少数，最具代表性的自然是王安石的“死对头”司马光了。王安石要变法，保守派肯定会提出反对意见。有赞同票也有反对票，怎么办？免不了会有朝堂辩论大会。

于是，《宋史》中就有了这么一笔：“至议变法，而在廷交执不可，安石傅经义，出己意，辩论辄数百言，众不能诎。”意思是说，大臣们在朝堂上讨论变法之事，王安石和大家争得不可开交，他引经据典，阐述己见，动辄辩论数百句话，其他人根本反驳不了他。

如果北宋朝廷有一年一度的辩论大赛，不出意外的话，王安石可以轻松蝉联冠军，直到他战不动的那一刻。博学，所以能言；能言，所以善辩。每一次赢了辩论，王安石内心估计都十分舒爽，居然没一个能打的！

王安石有一句很霸气的话：“天命不足畏，祖宗不足法，人言不足恤。”

不信天命，不学祖宗，不惧留言，这样的言论在当时是非常大胆的！也难怪后人戏言，王安石像一位穿越者，他的某些思想太超前了，不像是生活在封建社会的人。确实，在鹌鹑命案和登州妇人杀夫案中，王安石的观点相较于同时代其他人，更趋于现代。

这样一位与众不同的先驱者，势必是孤独的。那些原本与他亲厚的人，由于在变法一事上与他意见相左，渐行渐远，关系逐渐破裂。如《宋史》记载：“于是吕公著、韩维，安石藉以立声誉者也；欧阳修、文彦博，荐己者也；富弼、韩琦，用为侍从者也；司马光、范镇，交友之善者也：悉排斥不遗力。”

王安石似乎并不后悔，不能和他一条心的人，哪怕之前关系再好，他的选择都一样，排斥！排斥！排斥！不遗余力地全都排斥。反对变法的第一人司马光，起初和王安石关系很亲密。司马光曾三次写信给王安石，劝他不要孤注一掷。王安石不爱听，不高兴了，和司马光有了嫌隙。当时宋神宗想起用司马光为枢密副使，司马光还没任职，王安石就开始执政了，司马光即将到手的枢密副使的职位也就飞了。

久而久之，王安石几乎把反对他的老臣都罢免完了，他也逐渐成了一位孤勇者。朝廷无人可用，他只能提拔一些有点小聪明的年轻人。导致的后果是，有才学有能力的官员流失严重。据不完全统计，因反对王安石变法而被外放的官员有吕公著、刘述、刘琦、钱岂页、孙昌龄、王子韶、程颢、张戬、陈襄、陈荐、谢景温、杨绘、刘挚、范纯仁……范纯仁即北宋名臣范仲淹的儿子。

在这场没有硝烟的朝堂战役中，王安石看似占了上风，却也失去了很多。或许某天他想找人说说心里话，蓦然回首才发现，他能看得上的德才兼备的倾听者们，早已离开了繁华的汴京城。

元丰八年（1085 年），宋神宗去世，宋哲宗即位。高太后（宋英宗皇后）垂帘听政，起用司马光为相。司马光执政，做的第一件大事就是废除新法。轰轰烈烈的王安石变法至此落下帷幕。

尽管变法没有成功，但是以王安石的倔强，他应该不会后悔自己这一大胆的举动，至少他努力过了。即便是孤勇者的绝唱，他也曾一往无前。就算与全世界为敌，那就为敌吧。

苏轼

豪放鼻祖的柔情人生

“公费旅游”的美食博主

苏轼，苏东坡，名贯古今的大学士。他一生的传奇太多，以至于提到他的名字，每个人脑中都会冒出不同的关键词：大江东去、明月几时有、西湖苏堤、东坡肉……尤其是东坡肉，甭管吃没吃过，就不信有人没听过。这道菜，大概是美食界少有的以古人名讳直接命名的大爆款。

苏轼也是个总被贬官的倒霉文人，黄州（今湖北黄冈）、惠州（今广东惠州）、颍州（今安徽阜阳）、儋州（今海南儋州）……他的足迹遍布大江南北，往好处想，勉强算是公费游全国吧。换作其他人，连连遭遇贬谪，估计要郁闷得怀疑人生了。苏轼则不然，他另辟蹊径，直接开启了美食地图副本。

猪肉能在宋朝流行开来，苏轼功不可没。要知道，在宋朝之前，古人基本不吃猪肉。

先秦时期，猪圈一般都盖在厕所的下面，这也是“上厕所”的由来，因为厕所在楼上呀。加上猪圈有臭味，猪本身也臭，古人就觉得猪肉是贱肉，不可吃！但凡有其他肉类可以选择，人们是不愿意吃猪肉的。平民尚且如此，更不用说权贵之家了。

后世普遍食用的牛肉，在宋朝市场上也几乎看不见——牛是农耕和交通的主力，屠宰耕牛是犯法的。因而，北宋初期人们食用的主要肉类是羊肉。当然，猪肉也有，不受欢迎而已。

到了南宋，猪肉铺子已经遍布街市了。宋代吴自牧著的《梦粱录》中提道：“（临安城）每日各铺悬挂成边猪，不下十余边。如冬年两节，各铺日卖数十边。案前操刀者五七人，主顾从便索唤劁切。且如猪肉名件，或细抹落索儿精、钝刀丁头肉、条撺精、窜燥子肉、烧猪、煎肝肉、膂肉、盦蔗肉。”

元丰三年（1080年），苏轼因“乌台诗案”被贬为黄州团练副史，他自己开荒种地，自号东坡居士，他和东坡肉的缘分由此开始。那时的苏轼工资低，生活拮据，吃不起贵的菜肴，只得瞄准黄州最便宜的猪肉。他还写了一首《猪肉颂》，描述了他在黄州吃猪肉的心得。

> 净洗铛，少著水，柴头罨烟焰不起。待他自熟莫催他，火候足时他自美。黄州好猪肉，价贱如泥土。贵者不肯吃，贫者不解煮。早晨起来打两碗，饱得自家君莫管。

“净洗铛，少著水，柴头罨烟焰不起。待他自熟莫催他，火候足时他自美。”说的是猪肉的烹饪方式，少放水，小火炖。

“黄州好猪肉，价贱如泥土”是字面意思，黄州猪肉真好吃，而且贼便宜！

“贵者不肯吃，贫者不解煮”一句，则解释了当时没人吃猪肉的原因，富贵之家不屑于吃，穷人不知道猪肉怎么烹饪好吃。不知道没关系，有东坡居士在，猪肉的优秀做法即将横空出世！

绍圣元年（1094 年），苏轼出任惠州太守。在惠州，苏轼第一次吃到了他诗文中多次提到的一样美食——荔枝，并写下一首《四月十一日初食荔枝》。不过，苏轼写的荔枝诗中，最脍炙人口的是这首《惠州一绝》，又叫《食荔枝》。

罗浮山下四时春，卢橘杨梅次第新。
日啖荔枝三百颗，不妨长作岭南人。

“日啖荔枝三百颗，不妨长作岭南人”有另一版本，即“日啖荔枝三百颗，不辞长作岭南人”。在宋朝，岭南属于蛮荒之地，为官者最不愿意来的就是这种偏远地区了。苏轼却说，假如每天都能吃到三百颗荔枝，愿意一直做岭南人。看得出，东坡居士对荔枝喜爱得很呢。不愧是杨贵妃都爱吃的水果，大文豪当然也愿意买单。

绍圣四年（1097 年），谪居惠州三年的苏轼又被贬到了儋州，一个比惠州还要偏远的所在。《宋史》记载：“（苏轼）又贬琼州别驾，居昌化。昌化，故儋耳地，非人所居，药饵皆无有。”大致意思是苏轼被贬为琼州别驾，住在儋州，儋州真不是人待的地方啊，连药品都没有！

到了儋州的苏轼没有气馁，依旧用他乐观的精神开启新生活。他在儋州开设学堂，传播文化，革除陋习……并且，他在儋州发现了一种新的美食，生蚝！

苏轼在文章中写道：“己卯冬至前二日，海蛮献蚝。剖之，得数升，肉与浆入水，与酒并煮，食之甚美，未始有也。又取其大者炙熟，正尔啖嚼，又益煮者……每戒过子慎勿说，恐北方君子闻之，争欲为东坡所为，求谪海南，分我此美也！”

这段文字描述了生蚝的吃法，烤着吃，煮着吃，简直不要太美味！因此，苏轼在给儿子苏过的信中说：“你不要告诉北方朝廷那些人生蚝有多好吃啊，不然他们会争着做我做过的事，求着被贬到海南，跟我抢美食！”

如此洒脱，当时恐怕没几个人能做到。可以这样说，只要是有美食的地方，即便是清贫的日子，苏轼也甘之如饴。这与他为人处世的态度分不开，他从不怨天尤人，本着“既来之则安之”的态度，不论走到哪里，他总能找到自己的生活乐趣。

他一生中的三个她

苏轼一生有过三位配偶，很巧，她们都姓王：王弗、王闰之、王朝云。

王弗是苏轼的发妻，是温婉守候在他身旁的红袖添香人，是萦绕在他心头的一份牵挂，也是他一生都不可抹去的一缕缺憾。

王弗是四川眉州人，和苏轼是同乡，她的父亲王方是乡贡进士，也是苏轼父亲苏洵的好友。在父辈的撮合下，苏轼和王弗结为连理。婚后的很长一段时间内，他们的生活都是极幸福的。王弗温婉纯善，谨慎知礼，苏家的长辈都对她交口称赞。

关于王弗和苏轼的姻缘，有一个浪漫的小故事。

那一年，苏洵送苏轼到王方执教的中岩书院读书，中岩寺有一泓绿水，苏轼见了说："好水岂能无鱼。"他抚掌三声，水中群鱼立刻跃了上来。他非常开心，向王方建议说："美景当有美名。"

王方觉得有道理，遂邀请文人学士相聚于池边，为这泓池水拟名。众人拟了许多名，却没有一个令王方满意。最后，苏轼给出了他的答案——唤鱼池。包括王方在内的所有人都认为绝妙。就在这时，王弗的丫鬟送来了她参与的这次拟名的结果，竟然也是唤鱼池，和苏轼所想的一模一样。

王弗与苏轼可谓心有灵犀了。可是这么般配的爱侣却没能共白头，王弗仅陪伴了苏轼十一个春秋，于治平二年（1065 年）五月因病去世。她离开后，苏轼悲痛欲绝，他在《亡妻王氏墓志铭》中写道："君讳弗，眉之青神人，乡贡进士方之女。生十有六年，而归于轼。有子迈。君之未嫁，事父母，既嫁，事吾先君、先夫人，皆以谨肃闻。其始，未尝自言其知书也。见轼读书，则终日不去，亦不知其能通也。其后轼有所忘，君辄能记之。问其他书，则皆略知之。由是始知其敏而静也。"

在王弗去世十年后的某个夜晚，苏轼梦见了她。彼时他已老去，她却依然年轻美丽。醒来后，他回忆梦中情形，写下了《江城子·乙卯正月二十日夜记梦》。

十年生死两茫茫。不思量，自难忘。千里孤坟，无处话凄凉。纵使相逢应不识，尘满面，鬓如霜。

夜来幽梦忽还乡，小轩窗，正梳妆。相顾无言，惟有泪千行。料得年年肠断处：明月夜，短松冈。

这首《江城子·乙卯正月二十日夜记梦》也是文学史上非常有名的悼亡词。

写这首词的时候，苏轼不过四十岁，他却用“尘满面，鬓如霜”来形容自己。失去妻子后的他，仿佛老得特别快，仕途的不如意，加上丧妻之痛，这些年经历的一切使他恍惚间已历尽沧桑，虽年未过半百，饱受的各种心酸苦楚却早已超过实际年岁。

然而苏轼的这些愁绪，王弗不知道。她早已长眠地下，与他天人永隔，如何还能再相见？除非是梦中吧。曾经的他年轻气盛，文采斐然，哪像现在这般落魄。若妻子还在世，就算见了面，她也必然认不出饱经风霜的他了吧？

梦中，他回到了故乡，回到了他们年轻的时候。妻子依旧年轻美丽，灯下梳妆的她留给他最美丽的剪影。别后十年重逢，虽是梦中，依旧相顾无言。他心中明明有千言万语，到了这一刻却不知道该说些什么，唯有默默垂泪，希望梦能够长久一些，再长久一些。

这也是王弗在苏轼文字中留给世人的最深刻的印象。

苏轼的第二任妻子是王弗的堂妹王闰之，乳名“二十七娘”。

苏轼人生中的三位伴侣，王闰之或许是名不见经传的一位，他们之间没有波澜起伏的爱情故事，有的只是相互陪伴和相濡以沫。

曾经，年幼的二十七娘是姐姐王弗和姐夫苏轼幸福婚姻的见证者。她从小就知道苏轼，文采斐然的他，整个眉州又有谁不知道呢？几年后王弗去世，为了让年幼的儿子苏迈得到最好的照顾，苏家和王家再度结亲。王闰之作为王弗的同族妹妹，自然会好好对待她留下的孩子。这一点，苏轼在文字中也有提到，王闰之一直对苏迈视如己出。

王闰之显然也是爱慕苏轼的，即便后来苏轼因“乌台诗案”下狱，她依旧不离不弃，始终默默守在他身旁，他们更像是一对患难夫妻。她嫁给苏轼之后的十年，也是苏轼一生中最艰苦的十年。她跟着他颠沛流离，一路去到了偏远的黄州。

苏轼在黄州的生活十分清苦，每个月的俸禄少得可怜。他是文人，不懂得持家，家中大小琐事全都落到了王闰之身上。为了让苏轼的日子过得好一些，王闰之开始养牛、种菜，甚至下地挖野菜，没有丝毫怨言。她把苏轼的月钱算得十分精细，分三十串挂在房梁上，每天取一串用，若是哪天有剩余，就存起来给苏轼买酒招待来访的客人。

苏轼在《后赤壁赋》中就有提到王闰之为他存钱买酒宴客的事：

> 已而叹曰：“有客无酒，有酒无肴，月白风清，如此良夜何？”客曰：“今者薄暮，

举网得鱼，巨口细鳞，状如松江之鲈。顾安所得酒乎？”归而谋诸妇。妇曰：“我有斗酒，藏之久矣，以待子不时之须。”

若是没有王闰之的陪伴，很难想象苏轼将怎么度过那段贬谪的清苦岁月。唯有共患难，才会此生难忘。爱情就是这么奇妙，她可以不轰轰烈烈，却会在细水长流的平淡生活中越积聚越深刻。

元祐八年（1093 年），王闰之去世。苏轼念着王闰之对他所有的好，发现自己早已离不开她，唯有同穴才能了却心中遗憾。如他为王闰之写的《祭亡妻同安郡君文》（节选）：

妇职既修，母仪甚敦。三子如一，爱出于天。从我南行，菽水欣然。汤沐两郡，喜不见颜。我曰归哉，行返丘园。曾不少须，弃我而先。孰迎我门，孰馈我田。已矣奈何，泪尽目干。旅殡国门，我实少恩。惟有同穴，尚蹈此言。呜呼哀哉！

能让苏轼写下“惟有同穴”，王闰之在他心里该是有多么重的分量。所以当苏轼去世后，弟弟苏辙将他和王闰之合葬在一起，也算是成全了他想与王闰之同穴的遗愿。

王闰之不像王弗，得以与苏轼少年相识，又与他志趣相投；王闰之也不像王朝云，年轻貌美，是苏轼的红颜知己和解语花。她只是一个普通的妇人，然而在丈夫的影响下，她也时常能说出诗一般的动听话语。

苏轼在颍州时，某个梅花盛开的夜晚，月光明亮美好，王闰之对苏轼说："春月色胜如秋月色，秋月令人惨凄，春月令人欢悦，何如召赵德麟辈来饮此花下。"苏轼听了之后，又惊讶又开心，说："吾不知子亦能诗耶，此真诗家语耳。"

根据王闰之这番话，苏轼特地写了一首《减字木兰花·春月》。

春庭月午，摇荡香醪光欲舞。步转回廊，半落梅花婉娩香。

轻云薄雾，总是少年行乐处。不似秋光，只与离人照断肠。

王闰之的故事在后世流传得并不算广，但在苏轼的生命中，王闰之却是他"死同穴"的另一半。

苏轼一生中最为人熟知的一段感情，是和他的侍妾王朝云。他们的初遇，源于他和友人的一次西湖之行。

那时，苏轼在杭州任通判之职，偶尔会与友人唱和，或歌舞或诗文。某日他和友人在西湖喝酒赏景，心情很好。为了助兴，苏轼找了一群歌女表演助兴。其中有一位歌女不仅舞姿超群，而且长得艳丽动人，苏轼的注意力很快就被她吸引了，这位歌女就是王朝云。

相传，苏轼初见朝云，脑中便闪过绮丽的诗句，他为她写下了著名的《饮湖上初晴后雨》。

水光潋滟晴方好，山色空濛雨亦奇。

欲把西湖比西子，淡妆浓抹总相宜。

朝云年纪尚小，却不乏聪慧，苏轼非常喜欢她，就把她带回家做了自己的侍女。当时苏轼的发妻王弗已经去世，家中尚有妻子王闰之。但王闰之本就是个性格温和的女子，她事事从丈夫的角度考虑，自然也善待了朝云。

根据苏轼留下的诸多文字，朝云不仅聪明慧黠，还是他的知心人。她一点就透，往往在他开口前就能猜到他心中所想。《东坡诗话》记载：

> 东坡侍儿朝云，姓王氏，年十二。侍坡公初，不识字，久而能诗，字学东坡手迹。一日，东坡退朝，食罢，扪腹徐行。问众侍儿曰："汝辈且道腹中何所有？"或云忠孝，或云文章，或云满腹珠玑，或云珍馐百味。东坡皆曰："非也。"独朝云摸其腹曰："一肚皮不合时宜。"东坡捧腹大笑。

其他人都不懂，只有朝云才能明白苏轼当时一肚子的不合时宜。她对苏轼的作品也总是能有独到的见解，而身为女子，她同时心思缜密，多愁善感。

《词林纪事》记载，苏轼谪居惠州时，某日看见落木萧萧，萧瑟凄凉，便让朝云唱他那首《蝶恋花·春景》。

花褪残红青杏小。燕子飞时，绿水人家绕。枝上柳绵吹又少，天涯何处无芳草！

墙里秋千墙外道。墙外行人，墙里佳人笑。笑渐不闻声渐悄，多情却被无情恼。

朝云依言展开歌喉，然而唱着唱着，竟然泪流满面。

苏轼问朝云原因，朝云回答："奴所不能歌是'枝上柳绵吹又少，天涯何处无芳草'也。"

苏轼听完，笑了："是吾正悲秋，而汝亦伤春矣。"意思是，朝云在伤春，他在悲秋。他也因此把王朝云当作自己的知己。

绍圣三年（1096 年），朝云去世，苏轼便终身不再听这首《蝶恋花》。

苏轼是豪放派词人，被后人称作豪放鼻祖，却能写出"枝上柳绵吹又少"这样柔情的句子。想来，他始终是文人，骨子里怎会没有柔情的血液呢？只不过是不擅表露罢了。如若不然，他也不可能那么深情地为王弗写下"十年生死两茫茫，不思量，自难忘"。

或许，正因为苏轼身上兼顾了豪放豁达与柔情专注，朝云才会与他如此心意相通吧。值得一提的是，王朝云早年一直是以侍女的身份跟着苏轼的，直到苏轼被贬至黄州，她才有了侍妾的名分。可是如此能知其心意的朝云，却也没能陪他到最后一刻。她和王弗、王闰之一样，也先苏轼一步离开这个世界。

经历三位心爱之人的相继离去，苏轼那颗柔情的心似乎也如死灰了。

苏轼曾写下不少悼念朝云的文字，还在朝云的墓旁修了六如亭，亲拟对联：不合时宜，惟有朝云能识我；独弹古调，每逢暮雨倍思卿。

几百年后，清朝文人林兆龙在六如亭题写了一副对联：

如梦如幻如泡如影如露如电；

不生不灭不垢不净不增不减。

秦观

风流不见秦淮海，寂寞人间一千年

多情的“山抹微云君”

北宋权臣蔡京晚年获罪被流放，子孙也受到了牵连。他其中一个儿子蔡绦流放到了白州（今广西玉林），白州有山名铁围山，蔡绦就在流放的那段艰苦日子里完成了一部颇受后世学者重视的史料笔记——《铁围山丛谈》。宋朝许多文人的轶事典故都被收录在这本笔记中，和秦观有关的，就有这么一件趣事。

某日，有位叫范温的青年去参加某权贵的家宴。权贵家中有位侍女擅长唱秦观的长短句，她在宴会上唱了多首词，其中一首便是当时的热门金曲《满庭芳》。

山抹微云，天连衰草，画角声断谯门。暂停征棹，聊共引离尊。多少蓬莱旧事，空回首，烟霭纷纷。斜阳外，寒鸦万点，流水绕孤村。

销魂。当此际，香囊暗解，罗带轻分。
谩赢得青楼，薄幸名存。此去何时见也，襟
袖上，空惹啼痕。伤情处，高城望断，灯火
已黄昏。

其间，侍女一直没有理会范温，范温也没说一句话。到了宴会高潮，在座的客人开始饮酒谈诗，侍女才开口问范温：“你是什么人？”范温估计觉得被冒犯了，很生气，站起来叉腰说：“我是山抹微云君的女婿！”在座之人听了，惊讶不已。

范温没有吹牛，他的确是秦观的女婿。至于秦观“山抹微云君”这个外号，则是因为《满庭芳》首句“山抹微云，天粘衰草，画角声断谯门”着实精妙，苏轼读了之后大力赞赏，并送了秦观这个雅号。

古代文人中，有不少因自己的名句而被冠以各种雅号的，比如贺铸因“一川烟草，满城风絮，梅子黄时雨”得名“贺梅子”；宋祁因“红杏枝头春意闹”被冠以“红杏尚书”美称；蒋捷因“红了樱桃，绿了芭蕉”被称作“樱桃进士”。

据传，秦观这首《满庭芳》写的是他与一位歌伎的恋情。从“销魂当此际，香囊暗解，罗带轻分”一句就能看出，这确实是一首情诗无疑。秦观多情，他写情诗再寻常不过，更甚者，他传世的诸多脍炙人口的诗词，均是写给不同的绯闻女友的，比如他在后世最火的《鹊桥仙》：

纤云弄巧，飞星传恨，银汉迢迢暗度。
金风玉露一相逢，便胜却人间无数。

柔情似水，佳期如梦，忍顾鹊桥归路。
两情若是久长时，又岂在朝朝暮暮。

这首词的传唱度很高，尤其是“两情若是久长时，又岂在朝朝暮暮”，简直成了异地恋的最佳 slogan（标语）！

关于《鹊桥仙》的创作背景，众说纷纭，后世学者有不同的见解。有说这是秦观写给妻子的，有说是写给长沙某歌伎的，即洪迈《夷坚志补》中提到的义倡，“义倡者，长沙人也，不知其姓氏。家世倡籍，善讴，尤喜秦少游乐府，得一篇，辄手笔口咏不置”。

秦少游即秦观。秦观，字少游，世人称之为淮海先生，又称“古之伤心人”。秦观情感丰富，红颜知己无数，他的才华也足以令那些女子沉醉。据说，在一次离别之际，歌伎拉着秦观的手依依不舍，泪眼婆娑。秦观为她作《鹊桥仙》，歌伎才转悲为喜。

这位长沙义倡的故事还有后续。元符三年（1100 年），秦观在藤州（今广西藤县）去世，长沙义倡听说此事，走了几百里赴藤州吊唁秦观。她扶着秦观的棺木绕了三圈，放声痛哭，最后因太过悲痛，气绝而亡。她的故事传开后，众人都惋惜且感叹。

很可惜，这位长沙义倡没有留下姓名。在秦观诸多红颜知己中，有姓名的分别是这几位：娄东玉、陶心儿、边朝华。

娄婉，字东玉。秦观这首《水龙吟·小楼连苑横空》被后人判断是写给娄东玉的。

小楼连苑横空，下窥绣毂雕鞍骤。朱帘半卷，单衣初试，清明时候。破暖轻风，弄晴微雨，欲无还有。卖花声过尽，斜阳院落；红成阵，飞鸳甃。

玉佩丁东别后。怅佳期、参差难又。名缰利锁，天还知道，和天也瘦。花下重门，柳边深巷，不堪回首。念多情、但有当时皓月，向人依旧。

如《高斋诗话》记载：“少游在蔡州，与营妓娄婉字东玉者甚密，赠之词云‘小楼连苑横空’，又云‘玉佩丁东别后’者是也。”大致意思是，秦观在蔡州结识了营妓娄东玉，为她写了词，“小楼连苑横空”“玉佩丁东别后”是藏头诗，里面暗含了娄东玉的名字。

秦观写给陶心儿的，则是这首《南歌子》。

玉漏迢迢尽，银潢淡淡横。梦回宿酒未全醒，已被邻鸡催起怕天明。

臂上妆犹在，襟间泪尚盈。水边灯火渐人行，天外一钩残月带三星。

明朝文学家杨慎评论：“秦少游水龙吟，赠营妓娄东玉者，其中‘小楼连苑’及换头‘玉佩丁东’隐‘楼东玉’三字。又赠陶心儿，‘一钩残月带三星’，亦隐‘心’字。”

如果后人的解读无误，那么，秦观还真是位写藏头情诗的高手呢。会玩！

至于边朝华，她的名字出现得就正式多了，因为秦观收了她为妾室，“朝华”这个名字也是秦观给她取的。边朝华嫁给秦观后，二人有过一段幸福时光。可惜后来秦观仕途不顺，连遭贬谪，为了不耽误边朝华，他遣边朝华回家，当时情景如他在《遣朝华》一诗中记录。

夜雾茫茫晓柝悲，玉人挥手断肠时。

不须重向灯前泣，百岁终当一别离。

在秦观看来，边朝华还年轻，没了他不要紧，日后可以再嫁。但边朝华不这么认为，她心里只有秦观，再也装不下其他人。在边朝华的苦苦哀求下，秦观只好把她接了回来。这段过往，如宋人张邦基在《墨庄漫录》中记载:“朝华既去二十余日，使其父来云:‘不愿嫁，乞归。’少游怜而复取归。”

但好景不长，秦观再次遭遇仕途“滑铁卢”，要被贬去更偏远的地方，他再次送走了边朝华，并留下一首《再遣朝华》，描述了分别之时悲痛如断肠般的心境。

玉人前去却重来，此度分携更不回。

肠断龟山离别处，夕阳孤塔自崔嵬。

边朝华这一次跟秦观分别，就是永远的分别了。据说她后来出家为尼，到死都还攥着秦观的诗稿，也是一位可怜的有情人。

与苏轼的二三事

秦观是苏轼门人，和黄庭坚、晁补之、张耒等并称为“苏门四学士”。

坊间传闻，秦观曾经偷偷爱慕过苏轼的侍妾王朝云。王朝云不仅长得花容月貌，而且多才多艺，琵琶、歌舞，样样精通。苏轼身边有这样一位才貌过人的奇女子，秦观羡慕不已。有一次他在苏轼家中见到王朝云跳舞，当场写了一首《南歌子》，赞美王朝云的美貌和舞姿。

霭霭凝春态，溶溶媚晓光。何期容易下巫阳。只恐使君前世、是襄王。

暂为清歌驻，还因暮雨忙。瞥然归去断人肠。空使兰台公子、赋高唐。

流连青楼，暗恋老师的侍妾，秦观这些风流行为若是放在后世，没准要被晒到网上“鉴渣”了。得亏宋朝的风气不一样，在那个年代，写得一手好文章的秦观是人们眼中的风流才子，就算他热衷青楼薄幸名，就算他娶妻后依旧忘不掉外面的红颜知己，也不影响大家对他文字的迷恋，就连苏轼也对他推崇备至。

相传，在秦观去世后，苏轼听闻他的死讯，有感于他那首《踏莎行·郴州旅舍》，提笔在扇子上写了词的最后两句，“郴江幸自绕郴山，为谁流下潇湘去”，并感叹道：“少游已矣，虽万人何赎。”

《踏莎行·郴州旅舍》是秦观于绍圣四年（1097 年）受朝堂党派之争所累，被贬到郴州，客居旅社时所写。

雾失楼台，月迷津渡，桃源望断无寻处。
可堪孤馆闭春寒，杜鹃声里斜阳暮。
驿寄梅花，鱼传尺素，砌成此恨无重数。
郴江幸自绕郴山，为谁流下潇湘去。

因有感于当时的心情，秦观这首词基调凄凉哀怨，无不透露心中痛苦。而词的背后，藏着他和苏轼的故事。

苏轼年长秦观十二岁，秦观初出茅庐时，苏轼已名满天下。秦观仰慕苏轼，苏轼也欣赏秦观的才华，遂让他拜入自己门下。然而，与其说苏轼和秦观是师生，不如说是至交好友更恰当。

秦观虽有才华，但时运不济，两次参加科举皆名落孙山。他心生懈怠之意，苏轼却热情鼓励他继续努力，并为他作了多首诗词。皇天不负有心人，秦观终于在宋神宗元丰八年（1085 年）考中进士，时年三十六岁。

在苏轼的栽培和推荐下，秦观声名鹊起。对于自己的四个门人，苏轼曾说："如黄庭坚鲁直、晁补之无咎、秦观太虚、张耒文潜之流，皆世未之知，而轼独先知。"

至于秦观对苏轼的仰慕，他所写的那些诗词早已表现得淋漓尽致，最有名的不外乎《别子瞻》。当年苏轼任徐州知州，秦观前往拜见，二人同游，临别时秦观写了这首诗。其中最掷地有声的一句是："我独不愿万户侯，惟愿一识苏徐州。”

可就是这样惺惺相惜、亦师亦友的二人，他们的关系却因朝堂之事而有过尴尬期。秦观是苏轼门人，苏轼被弹劾，秦观免不了受到牵连，一同被贬。从词中可看出，秦观对他被贬后的生活是充满无奈和叹息的。这一点他和苏轼不一样，终是无法用乐观豁达的态度面对余生。

尽管贬谪生涯颠沛流离，人生不甚如意，秦观对苏轼却没有怨恨之意。有学者认为，《踏莎行·郴州旅舍》其实是秦观向苏轼表明心迹的一首词。所以苏轼才会对“郴江幸自绕郴山，为谁流下潇湘去”有不同于旁人的感慨——这是写给他的，唯有他能明白秦观藏在每一个字中的深意。他们的情谊，永远不会改变。

一段戏说中的姻缘

后世不少女生都爱秦观的词，或许，相较于苏轼的豪放，秦观的多情更加能打动女子的心吧。他有诸多红颜知己，但日复一日，年复一年，那些在他文字中留下痕迹的女子，大多已经在时光中淡去身影，唯有他和苏小妹的故事流传至今。这得归功于明朝文学家冯梦龙，若不是他在《醒世恒言》中记录了《苏小妹三难新郎》这一篇，后人也不会津津乐道此事。

在冯梦龙的笔下，苏小妹是苏轼的妹妹。生在书香门第的苏小妹出落得亭亭玉立，才貌过人。自古才子配佳人，何况是苏小妹这样一位才貌双全的女子，她和秦观的结合，任谁听了都会觉得是天作之合。

在秦观出场之前，当朝宰相王安石就替自己的儿子王雱向苏家求娶过苏小妹。他委婉地拿着王雱的词作找苏洵点评，苏洵何等聪明，不需要细想就知道王安石打的什么算盘。他老人家本来没想过这门亲事，但王雱写的词他越看越觉得妙，就把词拿给女儿看，旁敲侧击问她自己的想法。

苏小妹看了王雱的词后，评价说："好文字，此必聪明才子所做。但秀气泄尽，华而不实，恐非长久之器。"

为了突出苏小妹有先见之明，冯梦龙让王雱十九岁中状元，没几年就死了。但历史上真实的王雱于治平四年（1067 年）考中进士，熙宁九年（1076 年）因病去世，时年三十三岁。若王雱知道在后世小说中他这么早就一命呜呼，恐怕要露出尴尬又不失礼貌的微笑吧。

再看苏小妹，她看不上王雱，嫌人家华而不实，却对秦观情有独钟。襄王有意，神女也有心，婚事当即定了下来。

若这是个童话故事，或许就可以"从此，王子和公主过上了幸福的生活"作为结尾。但冯梦龙没有这样安排，为了跟他前文描述的苏小妹才华横溢相呼应，以及让这个故事更具趣味性，他设计了苏小妹在洞房中出三道题考验秦观的桥段。当然，结局依然是有情人终成眷属。

多少人因冯梦龙的这个故事，加上秦观和苏轼的亲密关系，都误以为秦观娶的是苏小妹。其实不然，冯梦龙的故事只是杜撰，在真实的历史上，秦观的正妻徐氏是潭州宁乡主簿徐成甫的女儿。徐成甫有三女，徐文美、徐文英、徐文柔，嫁给秦观的是徐文美。秦观在《徐君主簿行状》中写道：“徐君女三人，尝叹曰：‘子当读书，女必嫁士人。’以文美妻余，如其志云。”

至于苏小妹，史上究竟有没有此人，存有争议。一般认为，苏小妹是后人杜撰出来的。冯梦龙编写了《苏小妹三难新郎》的故事后，苏小妹的名气远大于秦观的正牌夫人徐文美。可是从苏轼和弟弟苏辙来往的书信以及流传下来的一干文学作品来看，苏小妹似乎查无此人。

又有一种说法认为，苏小妹的原型是苏轼的姐姐苏八娘。苏八娘比苏轼年长一岁，嫁给了她的表兄程之才。但很可惜，她的婚姻生活并不幸福。苏小妹的美好故事，大概是后人对苏八娘人生的一种委婉成全吧。

无论历史真相如何，秦观能给后人留下那么多传奇，能在词坛留下浓墨重彩的一笔，影响力可谓不俗。毕竟，不是每个写婉约词的人都能被称为“古之伤心人”的。

在秦观去世了很久很久以后，清朝诗人王士祯在他的《高邮雨泊》一诗中感慨，“风流不见秦淮海，寂寞人间五百年”。意思是，秦观的风流不再，人间已经寂寞了五百年。

掐指一算，如今，秦观离开已近千年。

黄庭坚

不只是苏东坡的朋友而已

惊才绝艳的前半生

黄庭坚的头衔有很多，在书法造诣上，他是宋朝四大家之一，另三位是苏轼、米芾、蔡襄；论诗词，他和苏轼并称“苏黄”；论文学成就，他是江西诗派鼻祖。治平四年（1067年），黄庭坚高中进士，后在京城为官。前半生这么顺遂的经历，旁人羡慕都来不及！他的人生曾经辉煌过。

黄庭坚的成才，在他幼年时就可看出苗头。据说他五岁时就知道问自己的老师：“别人都说书有‘六经’，您为什么只教我‘五经’。”老师这样回答：“‘六经’中，《春秋》不值得去学。”黄庭坚反驳：“《春秋》既然能并列为‘六经’之一，一定有值得学的地方。”

小黄庭坚并非在老师面前卖弄，他还真的去找了《春秋》来读，十天就倒背如流。或许，这个故事有所夸张，但一个年幼的孩童能有这样的见解，实属奇才。

七岁那年，黄庭坚就已经能作诗了。这首《牧童》就是他七岁的作品。

骑牛远远过前村，短笛横吹隔陇闻。

多少长安名利客，机关用尽不如君。

看来黄庭坚从小就是“别人家的孩子”，天才少年不过如此，得少让父母操多少心啊。

黄庭坚之所以幼年好学，跟他良好的家庭氛围分不开。他出身于书香门第，他的祖父黄湜、父亲黄庶，还有舅舅李常，都曾考中进士，是当地颇有名气的文人。黄庭坚能有后来的成就，李常功不可没。和黄庭坚有关的故事中，随处能见到李常的身影。

李常除了是诗人、学者，同时也是位藏书家，家里藏书十分丰富，黄庭坚受舅舅影响，很喜欢看书。有时李常去黄庭坚家，从书架随意取下一本，问他内容，他都能对答如流。李常当时就肯定，黄庭坚不是池中物，于是非常注重对黄庭坚的培养。

嘉祐三年（1058 年），黄庶去世。黄家家境一般，不足以给黄庭坚最好的学习环境，黄庭坚的母亲李氏就把他送到李常家抚养。后来，李常为了让他开阔眼界，带他去淮南一带游学。

有了舅舅的栽培，黄庭坚不负众望，终于进士登科，名噪乡里。在那个“三十老明经，五十少进士”的年代，黄庭坚二十三岁就高中，简直就是励志小说人物般的典范。

以黄庭坚的学识，考取功名完全在意料之中。不过他仕途上的运气一般，并没像诸多励志故事的套路那样，从此扶摇直上，官运亨通。四十岁以前，黄庭坚在全国各地当各种小官，比如在河南叶县当过县尉，在河北当过国子监教授，在江西太和县当知县。

直到宋哲宗即位，黄庭坚才迎来仕途上的春天。

宋神宗去世后，失去支持的王安石变法失败，反对变法的司马光被起用。当时，司马光的心思放在修订《资治通鉴》上，他向宋哲宗推荐了黄庭坚，让黄庭坚负责校订《资治通鉴》。不久之后，黄庭坚任职检讨官，主持编写《神宗实录》。

身为一个小官，黄庭坚能得到司马光的赏识，他的才学是首要原因，但也跟他是苏轼门人有着不可分割的关系。苏轼为人温和，与秦观、黄庭坚等人亦师亦友，他时常向他的朋友和同事大力推荐自己的学生。

黄庭坚和苏轼的相识，源于他的岳父孙觉。苏轼在他的《答黄鲁直》一文中提到，他曾对孙觉说："此人如精金美玉，不即人而人即之，将逃名而不可得，何以我称扬为？"大致意思是，孙觉向苏轼推荐黄庭坚，苏轼却对孙觉说，黄庭坚如美玉，将来想要逃名都不可能，哪里还需要自己为他扬名。

果真应了苏轼的话，黄庭坚凭借着过人的学识，在大宋文坛有了一席之地。

他的爱情、友情、师生情

黄庭坚十七岁时，在舅舅李常的引荐下结识了文学家孙觉。孙觉为人风雅，经常和友人谈论诗文，他很喜欢杜甫的诗。某日，孙觉和友人起了争执，原因是孙觉认为杜甫的《北征》比韩愈的《南山》写得好，友人则持相反意见，两人吵得面红耳赤，互不相让。他们没办法，只好请黄庭坚做裁判。

黄庭坚一直在旁边默默听他们辩论，见他们问自己，就站起来，恭敬地说："若论工巧，则《北征》不及《南山》。若书一代之事，以与《国风》《雅》《颂》相为表里，则《北征》不可无，而《南山》虽不作，未害也。"

二人都觉得黄庭坚的评价非常中肯。尤其是孙觉，他因欣赏黄庭坚的学识，把女儿孙兰溪许配给了他。不过黄庭坚和孙兰溪相伴的时间并不长，几年后孙兰溪就因病去世了。黄庭坚为此写了一篇《发愿文》，其中有这么几句："今日对佛发大誓，愿从今日，尽未来世，不复淫欲……不复饮酒……不复食肉。设复为之，当堕地狱，为一切众生代受头苦。"

然几年后，黄庭坚娶了他的第二任妻子，谢介休。

黄庭坚和谢介休的姻缘轨迹，跟他和孙兰溪的几乎如出一辙。谢介休的父亲谢景初欣赏黄庭坚，把女儿许配给了这位年轻人，并满意地说："吾得婿如是足矣。"可惜，谢介休和黄庭坚相伴的时间也很短暂，结婚没几年谢介休就去世了。

再后来，黄庭坚任泰和（今江西泰和）县令，在泰和娶了第三任妻子石宜人。

黄庭坚与苏轼的渊源，是从他发妻孙兰溪的父亲孙觉开始的。苏轼当年在孙觉的家宴上读了黄庭坚的诗，给出了很高的评价，那是他们第一次神交。元丰元年（1078 年），苏轼在徐州太守任上，黄庭坚将自己的两首《古诗二首上苏子瞻》寄给了他。苏轼读完，称赞他，“超绝尘，独立万物之表，驭风骑气，以为造物者游，非今世所有也”，并回了两首诗寄给黄庭坚。

黄庭坚和苏轼真正由神交到面交，是在他进京任职之后。彼时，苏轼已经从“乌台诗案”的阴影中走出，重新被召回朝中。之后的三年，苏黄二人同朝为官，诗文唱和，那应是他们一生都会怀念的友情岁月。不过，也是从那时开始，苏轼和黄庭坚的仕途开始慢慢走下坡路。

元祐四年（1089 年），苏轼因抨击旧党，受到保守势力的排挤，自请迁往杭州任职。绍圣元年（1094 年），苏轼又被贬到了偏远的惠州。黄庭坚是苏轼门人，自然也受到了牵连。蔡京一党为了排除异己，找借口重新审查《神宗实录》，挖出了大大小小一千多个错误。黄庭坚自然不肯承认，他认为自己并没有记录失实的地方。

在《神宗实录》中，黄庭坚写过“用铁龙爪治河，有同儿戏”，蔡京一党揪着这一点不放。龙是什么？是皇帝！他们指控黄庭坚以“铁龙爪”来侮辱神宗，嘲笑神宗如同儿戏，以诋毁先帝的罪名把他贬到了黔州（今重庆境内），这就是黄庭坚所遭受的“铁龙爪之祸”。

黄庭坚处世态度亦和苏轼一样，他并没有因为贬谪而受挫。在黔州的几年，他在寺院中潜心研习诗词和书法。可能在政治上沉浮多年，黄庭坚已经失去了在仕途上的信心，他一心寄托在文学艺术上，并自称“身如槁木，心如死灰”。大概，他是真的对这个即将迎来风雨的朝廷死心了吧。

估计黄庭坚自己也没想到，他以为止于此的为官生涯再一次发生波动。

宋哲宗去世后，宋徽宗即位，向太后临朝执政。黄庭坚接到任命，先后前往舒州和太平州上任。可是没过多久，徽宗亲政。徽宗十分信任蔡京，他把被贬出京城的蔡京召回京城，起用为宰相。

蔡京对苏轼一派人忌讳得很，他们大肆焚烧苏家父子和苏轼门人的文章，其中包括黄庭坚。黄庭坚写的《承天院塔记》中被挖出一些句子，他们在里面大做文章，诬告黄庭坚诽谤国家。黄庭坚又怎斗得过已权势滔天的蔡京一党，于是又继续了他的流放之路，被贬到了宜州（今广西宜山）。

日记里的宜州生活

崇宁元年（1102 年），宋徽宗下令，罗列元祐年间的“害政之臣”，将他们的名字刻在石碑上，即历史上有名的“元祐党籍碑”，苏轼以及苏门四学士皆在名单之列。当时苏轼已经去世，黄庭坚则被流放到了宜州，那时他年近花甲，身体也不好。

年迈的黄庭坚初到宜州，没有居所，只得向百姓租房子。当地官吏惧怕蔡京势力，横遭阻拦，不让他住城中的房子。黄庭坚搬进了当地的寺庙，他们又以寺庙是皇家专用为由把黄庭坚赶了出来。

就这样辗转了几次，黄庭坚只得抱着被褥搬到了城南的一间破房子里，他给这间破屋命名为喧寂斋。他在《题自书卷后》记录了这件事："崇宁三年十一月，余谪处宜州半岁矣。官司谓余不当居关城中，乃以是月甲戌抱被入宿子城南余所僦舍'喧寂斋'。"

在宜州生活期间，黄庭坚有写日记的习惯。这本日记即《宜州家乘》，又名《乙酉家乘》，记录的都是一些生活琐事。黄庭坚去世后，一个叫范寥的人作序并刊印了《宜州家乘》，使之流传下来，也成了后人研究北宋民间生活的重要资料。

比如，日记中记载："十八日丁巳，晴又阴，而不雨，天小寒。唐叟元寄书，并送崖香八两。"这里的"崖香"即沉香。流放生活如此清苦，黄庭坚却仍对焚香情有独钟，可见宋人对焚香文化确实有着非同一般的喜爱，这种焚香的习惯，就跟后世人们喝茶喝咖啡一样。值得一提的是，黄庭坚精通香道，是位大师级人物。

再如："十七日，丙戌，晴。从元明浴于小东南门石桥上民家浴室。"大致意思是，黄庭坚曾在百姓经营的澡堂中洗澡。从中可看出，北宋民间的地方州县已经出现澡堂了。

那么，这位刊印黄庭坚日记的范寥，究竟是何许人也？

据范寥在《宜州家乘》序言的自述，还有其他相关史料佐证，他应是蜀中一位侠义之士，也是一直照顾黄庭坚并料理黄庭坚后事的人。他和黄庭坚素昧平生，只因敬佩黄庭坚为人，听说他被贬到宜州，范寥不远千里赶去照料他，陪他走完了最后一段日子。

宋人笔记《梁溪漫志》中记载："范寥，字信中，蜀人，其名字见《山谷集》……遂径往广西见山谷，相从久之，山谷下世，范乃出所携翟氏器皿尽货之，为山谷办后事。"文中提到的"山谷"即黄庭坚，他号山谷道人，又称黄山谷。

《梁溪漫志》的作者费衮对范寥的评价很高，"其人纵横豪侠，盖苏秦、东方朔、郭解之流云"。

黄庭坚在他写的诗中也曾提到和范寥的往来。范寥，即范信中，如《和范信中寓居崇宁还雨二首》。以下是其一：

范侯来寻八桂路，走避俗人如脱兔。
衣囊夜雨寄禅家，行潦升阶漂两屦。
遣闷闷不离眼前，避愁愁已知人处。
庆公忧民苗未立，旻公忧木水推去。
两禅有意开寿域，岁晚筑室当百堵。
他时无屋可藏身，且作五里公超雾。

黄庭坚评价范寥是好学之士，视他为知己。

除了范寥，黄庭坚在宜州也陆续交了其他朋友，他们见黄庭坚生活清苦，也经常给他送来生活用品，除了各类食物，还有香料等。有了范寥和这些友人的帮助，黄庭坚在宜州的日子逐渐安稳，也算是流离生活中的幸事了。

崇宁四年（1105 年）九月，闷热的宜州迎来一场雨，酷热的天气变得凉爽。黄庭坚心情很好，叫来好友范寥，喝了点酒。酒罢，他从胡床上把脚伸出屋檐外淋雨，对范寥说：“信中啊，我这辈子从未这样痛快过。”说完，他就慢慢地倒了下来，永远地闭上了眼睛。

同年十二月，朝廷解除了元祐党人禁令，对贬谪的元祐党人进行大赦，黄庭坚也得以官复原职。但是这个诏令，黄庭坚没有等到。

黄庭坚的一生如海上浪涛，起起伏伏，磕磕绊绊，算是宋朝文人中命途多舛的一位。若有来世，不知他会选择怎样的生活。然而来世未知，关于他的前世，北宋何薳所撰《春渚纪闻》记录了一则奇闻。

黄庭坚曾和苏轼一起拜访一位高僧，高僧告诉他们，苏轼的前世是一位和尚，而黄庭坚的前世是一位女子。后来黄庭坚贬谪涪陵，被一个女子托梦，自说是他的前世。他写诗把此事记了下来：

似僧有发，似俗无尘。

作梦中梦，见身外身。

柳永

北宋流行金曲第一偶像

来吧，决战大宋词坛之巅

宋朝词坛的领军人物中，苏轼和柳永是经常被人拿来比较的两位。苏轼是豪放派代表人物，柳永是婉约派代表人物，对于这一划分结果，文史上基本没有争议。既是各自派别中的佼佼者，他们被拿来比较也很正常。

南宋人俞文豹在《吹剑续录》中记录了这样一个故事：

> 东坡在玉堂日，有幕士善讴，因问："我词何如柳七？"对曰："柳郎中词，只合十七八女郎，执红牙板，歌'杨柳岸，晓风残月'。学士词，须关西大汉，铜琵琶，铁绰板，唱'大江东去'。"公为之绝倒。

这段文字的大致意思是，苏轼问一位擅长唱词的人，自己的词和柳永的相比，怎么样？那人回答，柳永的词适合十几岁小姑娘拿着红牙板唱，苏轼的词则需要关西大汉拿着铁板唱。小姑娘与关西大汉，仿佛就是时人对柳永和苏轼二人作品风格的直观印象，也正是婉约派与豪放派的区别。

“杨柳岸，晓风残月”是柳永最具代表性的词句，出自他那首著名的《雨霖铃》。

寒蝉凄切。对长亭晚，骤雨初歇。都门帐饮无绪，留恋处、兰舟催发。执手相看泪眼，竟无语凝噎。念去去、千里烟波，暮霭沉沉楚天阔。

多情自古伤离别，更那堪冷落清秋节！今宵酒醒何处？杨柳岸、晓风残月。此去经年，应是良辰好景虚设。便纵有千种风情，更与何人说？

这是一首送别词，从语境来看，柳永应该是在某位恋人送他南下时所作。这一分别，不曾想，竟成就了词坛的千古佳作。

《东坡诗话》中也有苏轼问歌者“我词与柳学士何如”的这个故事，并且，苏轼在听了对方的回答之后，笑着说：“照你这么说的话，柳永的词写得比我好啊！”

然后，苏轼还写了一首诗：

优人词组具褒弹，柳永填词胜子瞻。
一曲大江东去也，不如杨柳晓风残。

以苏轼的气量，自然不吝啬于承认别人比自己写得好，他对柳永的词也一向是褒奖居多。

宋人赵德麟是苏轼的朋友，他在《侯鲭录》记载，苏轼读了柳永的《八声甘州》之后，称赞说：“人皆言柳耆卿词俗，然如‘霜风凄紧，关河冷落，残照当楼’，唐人佳处，不过如此。”

当时很多文人士大夫看不上柳永的词，认为他写词艳俗。苏轼却认为，柳永的句子不比唐人写得差，很有唐人的写作韵味。把柳永与前朝文人相提并论，可见苏轼的这一评价是相当高的。

宋代词人叶梦得在他的《避暑录话》中收录了一个跟苏轼和柳永相关的故事。某日，苏轼读了秦观的《满庭芳》，认为“山抹微云，天连衰草”这句词有柳永的韵味，于是戏称，“山抹微云秦学士，露花倒影柳屯田”。柳永曾任屯田员外郎，因而世人又称他为柳屯田。“露花倒影”则出自柳永的《破阵乐》，完整句子是“露花倒影，烟芜蘸碧，灵沼波暖”。

跟苏轼不同的是，李清照对柳永的“露花倒影”则是持否定态度。据陆游《老学庵笔记》记载，南宋文学家张九成写过“桂子飘香”这样的句子。李清照嘲笑张九成，说了句“露花倒影柳三变，桂子飘香张九成”。柳三变是柳永的原名。

那么，李清照这句话是什么意思呢？就是说张九成跟柳永俗到一块儿去了。她还在她的《词论》中直接点名说柳永的词虽然火，适合音律，但是庸俗，“始有柳屯田永者，变旧声作新声，出《乐章集》，大得声称于世，虽协音律，而词语尘下”。这里的“词语尘下”，就是写词庸俗低下的意思。

李清照不愧是最会怼人的才女，估计张九成和柳永都只能露出尴尬而不失礼貌的微笑：你是才女，你说什么都对！

尽管文人雅士不是很看得上柳永的词，但这丝毫不妨碍他的词在北宋乐坛大肆流行，各大青楼教坊，几乎没有哪位名妓不会唱柳永词。如《避暑录话》记载："柳永为举子时，多游狭邪，善为歌辞。教坊乐工每得新腔，必求永为辞，始行于世，于是声传一时。"

因此，当时有句话叫作"凡有井水处，即能歌柳词"。只要有人的地方，就有井水，有井水的地方，就有人唱柳永的词。这样的传唱度，说柳永是北宋流行音乐第一偶像也不为过。

那些年的太平景象，全在他的词里

柳永有一个广为流传的段子，叫作"奉旨填词柳三变"。奉谁的旨？自然是当时的皇帝。至于这个段子的由来，还得从柳永的另一首流行金曲《鹤冲天》说起。

> 黄金榜上，偶失龙头望。明代暂遗贤，如何向？未遂风云便，争不恣狂荡？何须论得丧。才子词人，自是白衣卿相。
>
> 烟花巷陌，依约丹青屏障。幸有意中人，堪寻访。且恁偎红倚翠，风流事，平生畅。青春都一饷。忍把浮名，换了浅斟低唱！

从开篇的"黄金榜上，偶失龙头望"就能看出，这是一首科举考试落榜之后的作品。别人是金榜题名，柳永是失望而归。但是词的字里行间无不透露着，他对自己的才华是很有信心的，落第不过是偶然，他是“明代遗贤”，即政治清明时代遗落在外的贤才。

考试失利，柳永心里惆怅，只得去烟花柳巷寻找心理安慰。偎红倚翠的风流事才是他平生所爱，他要跟他的意中人在一起：还是浅斟低唱适合我，不需要功名！

这时的柳永还是年轻气盛，一次没考中就没考中呗，继续考就是了，有才华的人谁怕考试啊？“唐宋八大家”之首的大文豪韩愈，那可是考过六次呢！

柳永可能不会想到，他落榜后的吐槽之作，竟然传到了宋仁宗的耳朵里，直接断送了他的前程。

别看柳永嘴上发牢骚，心里还是很想考取功名的。后来他又去参加科举考试，还真被他考中了。但仁宗记得他那首吐槽词，一生气就把他的名字划掉了，并生气地说：“他要功名有何用，去他的浅斟低唱！”

这次落榜的真相迂回地传回到柳永那里，他顿时明白了，年轻气盛写的词得罪了仁宗，仕途怕是无望了。于是他破罐子破摔，既然如此，那就……就去浅斟低唱吧。他还给自己这一行为想了个很好听的由头，即“奉旨填词柳三变”。是仁宗让他去浅斟低唱的，奉旨填词嘛，没毛病。

这个故事是南宋吴曾的《能改斋漫录》中记载的，其真实性存在争议。因为柳永参加的几次科考在宋真宗大中祥符年间到天圣年间（1009年—1024年）。据考证，《鹤冲天》写于大中祥符二年（1009年），而宋仁宗登基是乾兴元年（1022年），亲政是明道二年（1033

年），无论如何时间都对不上。

不过，不排除一种可能——记录者笔误，让他去填词的皇帝或许是宋真宗。这也说得过去。不论把柳永除名的皇帝是哪一位，“柳三变”这个名字是妥妥地列在科举黑名单上了。

景祐元年（1034年），柳永约五十岁，终于迎来了仕途的曙光。宋仁宗亲政，开恩科，放低了科举考试的标准。柳永知道这是个好机会，于是不远千里赶到汴京，披着“柳永”这一马甲去考试。然后，他跟他哥哥柳三接一同考中了进士。普天同庆！论马甲的重要性！

考中了进士，柳永有了朝廷编制，陆续当过几个小官。景祐四年（1037年），柳永出任余杭（今浙江杭州余杭区）县令。对柳永来说，余杭他并不陌生，早在青年时期他就到过江南一带，并写下了名作《望海潮》。

东南形胜，三吴都会，钱塘自古繁华。烟柳画桥，风帘翠幕，参差十万人家。云树绕堤沙，怒涛卷霜雪，天堑无涯。市列珠玑，户盈罗绮，竞豪奢。

重湖叠巘清嘉。有三秋桂子，十里荷花。羌管弄晴，菱歌泛夜，嬉嬉钓叟莲娃。千骑拥高牙。乘醉听箫鼓，吟赏烟霞。异日图将好景，归去凤池夸。

南宋罗大经的笔记小说《鹤林玉露》中记录了关于这首词背后的轶闻，说是金国皇帝完颜亮读了《望海潮》之后，很向往柳永描述的“三秋桂子、十里荷花”的美景，遂起了侵占大宋的念头。当然，这只是传说而已，但不可否认柳永笔下的繁华景象令人神往。

钱锺书先生在他的诗词论著作品《宋诗选注》中写道：“他（柳永）在词集《乐章集》里常常歌咏当时寻欢作乐的豪华盛况，因此宋人有句话，说宋仁宗在位四十二年的太平景象，全写在柳永的词里。”

钱老的这句话，原话见祝穆所著的《方舆胜览》：“仁宗四十二年太平，镇在翰苑十余载，不能出一语咏歌，乃于耆卿词见之。”这句话是北宋史学家范镇说的，其背景是，范镇说自己在翰林院供职十几年间写不出歌咏太平盛世的文字，因为仁宗朝几十年的太平景象，柳永已经都写过了。

由于《望海潮》太有名，加上柳永很多传唱度高的词的确都描述了那些年的繁华，以至于时人和后人都认同范镇的观点，柳永确是歌咏太平盛世的高手。

唯独钱锺书先生提出了不一样的看法，他觉得柳永不只歌咏盛世，他也曾像杜甫一样，记录了民间百姓的疾苦。因而钱老在《宋诗选注》中收录的柳永唯一一首作品是《煮海歌》，他表示：“这里选的一首诗就表示《乐章集》并不能概括柳永的全貌，也够使我们对他的性格和对宋仁宗的太平盛世都另眼相看了。”

以下是《煮海歌》原文：

煮海之民何所营，妇无蚕织夫无耕。
衣食之源太寥落，牢盆煮就汝轮征。
年年春夏潮盈浦，潮退刮泥成岛屿。

风干日曝咸味加，始灌潮波塯成卤。
卤浓碱淡未得闲，采樵深入无穷山。
豹踪虎迹不敢避，朝阳山去夕阳还。
船载肩擎未遑歇，投入巨灶炎炎热。
晨烧暮烁堆积高，才得波涛变成雪。
自从潴卤至飞霜，无非假贷充餱粮。
秤入官中得微直，一缗往往十缗偿。
周而复始无休息，官租未了私租逼。
驱妻逐子课工程，虽作人形俱菜色。
鬻海之民何苦门，安得母富子不贫。
本朝一物不失所，愿广皇仁到海滨。
甲兵净洗征轮辍，君有余财罢盐铁。
太平相业尔惟盐，化作夏商周时节。

宝元二年（1039 年），柳永出任昌国州（今浙江定海）晓峰盐场监官。那一时期，他目睹了在盐场工作的百姓们的艰苦生活：他们日晒雨淋，面黄肌瘦，还面临着他们无法承担的赋税……

所以柳永写了这首《煮海歌》，想记录下他看到的民生疾苦。他希望朝廷能看到盐民的难处，免除盐铁税，让百姓也能拥有一个太平盛世。

钱老不愧是钱老，他在形形色色的华丽辞藻中看到了柳永的另一面，一针见血：柳永不只是世人眼中的金曲高手，他的文字也不只是为盛世而写。这才是完整的、真实的、有血有肉的柳永。

张先

风流真才子，至死是情圣

《一丛花令》和禁忌之恋

张先的词多写男女之情，深受青楼女子喜爱。无独有偶，在词作方面的成就，张先与同样深受青楼女子追崇的柳永齐名。他有个外号叫“张三影”，因他写的名句多有“影”字，其中最出彩的三句是“云破月来花弄影”“娇柔懒起，帘幕卷花影”和“柳径无人，堕絮飞无影”。

天圣八年（1030 年），张先考上进士，恰好与欧阳修同届。除了同榜进士这一缘分，欧阳修也赠过他雅号。如南宋范公偁《过庭录》记载：“子野《一丛花令》一时盛传，永叔尤爱之，恨未识其人，子野家南地。以故圣都，谒永叔，闻者以通，永叔倒屣迎之曰，此乃‘桃杏嫁东风’郎中。”

张先，字子野。欧阳修，字永叔。上文这段话的大致意思是，因张先《一丛花令》很有名，欧阳修送了他一个外号，“桃杏嫁东风”郎中。

张先的《一丛花令》全文如下：

> 伤高怀远几时穷？无物似情浓。离愁正引千丝乱，更东陌、飞絮濛濛。嘶骑渐遥，征尘不断，何处认郎踪！
>
> 双鸳池沼水溶溶，南北小桡通。梯横画阁黄昏后，又还是、斜月帘栊。沉恨细思，不如桃杏，犹解嫁东风。

这首一世盛传的词，看文字就知道是描述情爱之事了。据南宋杨湜《古今词话》记载，《一丛花令》源自张先年轻时的一段恋情，女主角是一个小尼姑。二人相爱过一段时间，但好景不长，这段禁忌之恋很快被小尼姑的师父老尼姑发现了。

老尼姑估计气得要心肌梗塞，她们是出家人，难道不是看破红尘的吗？怎么可以贪恋俗世的情情爱爱呢！这事要是传出去了，整个尼姑庵都要被嘲笑。不行，决不能放任！

为了斩断小尼姑和张先的情缘，老尼姑当机立断，把小尼姑关在了池中小岛的一座阁楼中。但她低估了年轻人对爱情的探索之心，一座阁楼算什么，根本无法让张先对心上人的爱减弱半分，反而更坚定了他的信念：你不让我见，我偏要见！

每当半夜时分，张先就划着船悄悄前往小岛和小尼姑约会。小尼姑站在窗口，远远地看见张先来了，马上把梯子从窗口放下去，让张先上楼。被迫分开的恋人含泪缠绵，可想而知是怎样一番光景。

据说，为了歌颂这段重重阻挠下的爱情，张先写了一首《诉衷情》。

花前月下暂相逢。苦恨阻从容。何况酒醒梦断，花谢月朦胧。

花不尽，月无穷。两心同。此时愿作，杨柳千丝，绊惹春风。

“花前月下暂相逢”写的是他和小尼姑月下相会时的场景，“苦恨阻从容”指的大概就是棒打鸳鸯的老尼姑了。有所阻隔的爱情，在文字中反而更加美好。

张先和小尼姑的关系并没有维系多长时间，至于是什么原因，隔着光阴很难去揣度真相，或许是老尼姑的阻挠，或许是外人的闲言碎语，或许是禁忌之爱本就无法长久。

分手后，张先写了《一丛花令》以作纪念。未曾想到，故事褪色了，词却走红了，还让他得了“桃杏嫁东风”郎中这么个雅号。

在张先这段恋情中，最难理解的可能还是女主角“尼姑”的身份。在世人眼中，出家人是十分虔诚的，吃斋念佛，焚香诵经，至少比世俗之人清心寡欲。然转念一想，他们毕竟也是人，只要是人就会有欲望，比如《醒世恒言》中就收录了一个离奇的故事——《赫大卿遗恨鸳鸯绦》。

男主赫大卿路过一尼姑庵，见庵中女尼长得漂亮，遂起了色心。孰料，庵中的四个女尼都不是六根清净的人。为了不让赫大卿回家，她们剃了赫大卿的头发，把他扮作尼姑留在庵中，日日寻欢作乐。后来，赫大卿身体越来越差，女尼们起初还端茶送药，期盼他能早点好。可时间一长，眼看赫大卿没有康复的可能，女尼们一合计，居然将他抬到后园埋了，神不知鬼不觉，丝毫不念半分情意。

对于赫大卿这一故事，只能用“瞠目结舌”来形容。可见，在情欲的推动下，人做出什么非分之举都不足为奇。

民间故事流传的热梗

古代文人分好几种，有的悬梁刺股努力考科举，想一展抱负，报效国家；有的对入仕当官不屑一顾，只想找个山清水秀的地方隐居；有的醉心祖国的大好河山，喜欢游山玩水，引吭高歌……

张先不属于以上任何一种，他似乎没有别的爱好，就喜欢年轻漂亮的女孩，越少女越好！所以他到八十岁还纳了个十八岁少女为妾。对此，他的朋友们并没觉得奇怪，他本人也引以为豪。在民间流传的故事中，张先在某次聚会上写了首诗，记录了自己老年纳妾的事。

> 我年八十卿十八，卿是红颜我白发。
> 与卿颠倒本同庚，只隔中间一花甲。

如此直白的诗，很符合张先的人设，字里行间尽显其本色！

那场宴会，有人马上和了一首诗调侃张先：

十八新娘八十郎，苍苍白发对红妆。

鸳鸯被里成双夜，一树梨花压海棠。

两首诗中，“梨花”对应“白发”，也就是一把年纪的张先，“海棠”对应的是“红颜”，即十八岁少女。新婚之夜，白发的丈夫，海棠花一般的少女，即“一树梨花压海棠”。

张先的原诗传唱率不高，但那句“一树梨花压海棠”把他老年纳妾的事捧成了热梗。那以后，只要是形容老夫少妻，基本上都会用“一树梨花压海棠”来形容。

在故事里，张先那位十八岁的妾室还给他生了四个孩子，两个男孩两个女孩。不得不说，张先还真是老当益壮。

上述两首词都来自民间故事，并非真实的历史记载。不过张先确实有晚年娶妾的事迹，连苏轼都曾为此写过诗，原诗是这首《张子野年八十五尚闻买妾述古令作诗》。

锦里先生自笑狂，莫欺九尺鬓眉苍。

诗人老去莺莺在，公子归来燕燕忙。

柱下相君犹有齿，江南刺史已无肠。

平生谬作安昌客，略遣彭宣到后堂。

由此可得出，张先老年纳妾的年纪不是八十，是八十五！

后世不少人都不解，张先一把年纪了，少女为何愿意嫁他为妾？这倒是不稀奇，且不说张先退休前一直有官职，在那个才华至上的年代，张先是被很多人仰慕的，不少官妓还主动向他索词。再者，老夫少妻未必没有真感情，比如明朝末年大名鼎鼎的老夫少妻组合——才女柳如是和她的丈夫钱谦益。

除了私会尼姑和“一树梨花压海棠”事件，张先最有名的大概要数他在《千秋岁》中写的那句“心似双丝网，中有千千结”了。

数声鶗鴂，又报芳菲歇。惜春更把残红折。雨轻风色暴，梅子青时节。永丰柳，无人尽日花飞雪。

莫把幺弦拨，怨极弦能说。天不老，情难绝。心似双丝网，中有千千结。夜过也，东窗未白凝残月。

张先能写出这般纠结人心的词，凭这份才华，不怪那么多女子倾心于他，就连苏轼、欧阳修那样的文豪也愿意与之相交。

和花魁们的绯闻

张先和同时期的秦观差不多，懂得风花雪月，擅长写旖旎浪漫的诗词，也收割了一大波女友粉。若那个年代有粉丝经济，这俩人上街肯定会被各路粉丝围观。

不过，在“口碑维护”这一点上，秦观做得比张先好多了。后世之人提起秦观，反应无非“传说中娶了苏小妹的风流才子秦少游”，抑或是“写‘两情若是久长时，又岂在朝朝暮暮’的才子”。

然而提起张先，很多人的第一反应或许就是，“八十岁还纳妾”，“一树梨花压海棠的梨花”。

为什么会这样？因为张先毫不在意别人的看法，誓死把“喜欢美丽年轻少女”的人设维持到底。他尤其喜欢逛青楼，并为青楼女子们写过不少诗词。要知道，在青楼圈，张先的名号可是响当当的。

古代名妓也跟后世的明星一样，讲究广告效应，她们能不能走红，也得靠文人的诗词来捧。诗词写得越好，传诵越广，她们的名气自然也就越大。

治平元年（1064年），张先退休，晚年多在苏杭一带生活。据传，杭州有个小有名气的营妓名叫龙靓，为了得到张先的词，还特意写了一首《献张郎中》，向张先索词。

天与群芳千样葩，独无颜色不堪夸。

牡丹芍药人题遍，自分身如鼓子花。

张先收到诗，自然不会拂了美女的意。他为龙靓写了一首《望江南·与龙靓》。

青楼宴，靓女荐瑶杯。一曲白云江月满，际天拖练夜潮来。人物误瑶台。

醺醺酒，拂拂上双腮。媚脸已非朱淡粉，香红全胜雪笼梅。标格外尘埃。

龙靓的名头或许不够响亮，但是跟张先有关的另一位名妓，却是不接受反驳的家喻户晓，便是汴京花魁——李师师。

李师师在后世走红，《水浒传》功不可没。历史上的李师师生卒年不详，根据生平事迹考证，李师师出道的时候，张先至少八十多岁了，一把年纪的他居然也去凑花魁的热闹，和秦观、晏几道等一帮后生拼着比着写词捧李师师。秦观写《一丛花》记录他和李师师的交往，晏几道写了《生查子》赞美李师师的美貌。张先更直白，直接以李师师的名字为题写了一首《师师令》。

香钿宝珥。拂菱花如水。学妆皆道称时宜，粉色有、天然春意。蜀彩衣长胜未起。纵乱云垂地。

都城池苑夸桃李。问东风何似。不须回扇障清歌，唇一点、小于珠子。正是残英和月坠。寄此情千里。

明代杨慎《词品》记载："李师师，汴京名妓。张子野为制新词，名《师师令》。"也就是说，《师师令》这个词牌名以前是没有的，由张先始创。

张先这首词字字珠玑，也让李师师声名更显。

一想到这是白发老翁写给妙龄少女的，似乎就有点不雅观，但这事放在张先身上，又似乎毫无违和感。毕竟，他是真风流才子，至死都是情圣。

周邦彦

做个情感充沛的音乐家

天才的轨迹：一赋成名

千年之前的一个夏天，天气晴朗。俄而，一场大雨倾盆而下。雨后初晴，屋檐下鸟雀欢快，屋内却比先前更加闷热。周邦彦焚了一炉沉香，顿时感觉暑气消了不少。

周邦彦的家乡是有着“接天莲叶无穷碧，映日荷花别样红”景致的杭州。正巧，窗外池塘中荷花绽放，雨水在荷叶上滚动着，宛如珍珠，他的心随着满塘荷叶飞回了故乡，于是他借着兴致，提笔写下了这首《苏幕遮》。

燎沉香，消溽暑。鸟雀呼晴，侵晓窥檐语。
叶上初阳干宿雨，水面清圆，一一风荷举。
故乡遥，何日去？家住吴门，久作长安
旅。五月渔郎相忆否？小楫轻舟，梦入芙蓉浦。

对于周邦彦，后世不少人的初印象都是“一一风荷举”这句词，王国维也称其“真能得荷之神理者”。

确实，在周邦彦留下的词中，《苏幕遮》最是脍炙人口，可谓思乡诗词中的佳品。因长安是汉唐都城所在，他以“长安”喻宋朝都城汴京，一句“久作长安旅”，道出心中乡愁。他虽心有鸿鹄之志，想在京城一展抱负，但长期客居他乡，看到家乡随处可见的荷叶，心也随之飞回了江南。

宋朝是一个文人墨客各领风骚的朝代，在一众文豪当中，周邦彦的名字并不那么显眼，然他的词作自成一派，有“词中老杜”的美称。

周邦彦青年时期算是比较如意的，他是宋神宗元丰年间的太学生。太学是当时的最高学府，李清照的老公赵明诚就是宋徽宗年间的太学生。能入太学，加上周邦彦本就腹有诗书，进入仕途也是迟早的事。

也是在周邦彦就读太学期间，北宋朝廷发生了一件撼动人心的大事——王安石变法。

宋神宗本人对王安石提出的新法自然是极力推崇的，然而他对变法一事太过乐观，忽略了朝堂内外的反对力量。新法固然能解决时下很多问题，但也不可避免存在一些弊端。久而久之，反对的声音也日渐鼎沸。

推行新法遇到阻碍，神宗迫切需要站队支持他的人。就在这样的关键时刻，周邦彦写了一篇歌颂变法的《汴都赋》，洋洋洒洒近万字，句句肺腑。也是因为这一篇赋，周邦彦火了！

宋神宗听到了正面的声音，心情大好，命侍臣在迩英阁诵读《汴都赋》，后来还给周邦彦授了个官——太学正。这是个正九品的官职，隶属国子监。如《宋史》记载：“神宗异之，命侍臣读于迩英阁，召赴政事堂，自太学诸生一命为正。”也就是说，因为文章写得好，周邦彦从太学生一跃成为太学管理员。

然而，周邦彦的仕途并未从此一路畅通。元丰八年（1085 年），宋神宗去世，即位的皇帝是年仅十岁的宋哲宗赵煦。赵煦尚且年幼，对家国大事不甚了解，每每上朝都是由高太后垂帘听政。而高太后信任司马光，在她临朝期间，朝堂大事由司马光领导的旧党掌控着。

司马光上台后，新法很快就被废除了。周邦彦受此事影响，被调离京城，辗转在泸州（今安徽合肥）、荆州（今湖北荆州）、溧水（今江苏溧水）等各个州县当小官。十年后，宋哲宗亲政，起用新党，周邦彦才得以返回汴京，回到了他曾任职的国子监，担任主簿一职。

周邦彦重回汴京之日，是一个春天。梅花凋谢，桃花初放，万物如新，唯有人如故。走在阔别十年的熟悉街道上，他脑海中浮现出了一位女子的音容笑貌。那是他将要去寻访的故人，一位不幸沦落风尘的青楼女子。至于这位女子是谁，史上并未有任何记载，只能从他所作《瑞龙吟》一词中捕捉到她的身影。

章台路，还见褪粉梅梢，试花桃树。愔愔坊陌人家，定巢燕子，归来旧处。

黯凝竚。因念个人痴小，乍窥门户。侵晨浅约宫黄，障风映袖，盈盈笑语。

前度刘郎重到，访邻寻里，同时歌舞，
唯有旧家秋娘，声价如故。吟笺赋笔，犹记
燕台句。知谁伴、名园露饮，东城闲步？事
与孤鸿去。探春尽是，伤离意绪。官柳低金缕。
归骑晚，纤纤池塘飞雨。断肠院落，一帘风絮。

离开汴京的十年间，周邦彦身上发生了太多的事，而他唯独对这位女子念念不忘。从词中表达的情感来看，她多半是他曾经的情人。

在去寻她的途中，他的心情一度纠结。他期待早点到达目的地，又害怕那一刻的到来。十年光阴，可以改变的东西太多了。他不知道她究竟还在老地方等着他，还是像《琵琶行》中的那位女子一样，“老大嫁作商人妇”。

至于他究竟有没有寻得她，不得而知。在周邦彦几十年的词作生涯中，这位女子的身影如惊鸿一瞥，她和他的故事似乎至此就是一个终结了。纵使没有她，他的路还是要继续走下去，他还有他未完成的政治抱负。

与花魁、皇帝的“三角恋”绯闻

宋哲宗赵煦是宋朝第七位皇帝，也是一位命途多舛的皇帝。他是宋神宗的第六子，生母朱氏只是一位出身低微的宫人。即便是后来赵煦即位，朱氏却也只被晋封为太妃，而非太后。因朱氏位份问题，加上高太后在哲宗年幼时对他极其严苛，两人之间一直是有嫌隙的。

元祐八年（1093年），高太后去世，宋哲宗亲政。他早就不满旧党执政期间对他的压制，遂贬谪了一批旧党官员，恢复了宋神宗时期的新法，史称“绍圣绍述”。周邦彦因当年写了《汴都赋》支持新法，宋哲宗一直记着，因此很快起用了周邦彦。

可惜好景不长，元符三年（1100年），年仅二十五岁的宋哲宗因病驾崩了。之后即位的皇帝是赵煦的弟弟赵佶，也就是历史上鼎鼎大名的宋徽宗。徽宗即位初期，向太后（宋神宗皇后）垂帘听政。对于周邦彦来说，这并不是个好消息，因为向太后是旧党的支持者。

崇宁元年（1102年），宋徽宗亲政，再次起用新党。周邦彦的仕途就像过山车一样，起起伏伏，终于又回到了朝堂，担任校书郎一职。

关于宋徽宗赵佶的出生，有一个典故。据宋人赵溍在《养疴漫笔》中所述，宋神宗梦见南唐后主李煜，之后便有了赵佶，所以，“（徽宗）文采风流，过李主百倍”。这句评价，可能带有作者赵溍的个人看法。然而不得不说，赵佶和李煜的确有相似之处。他们或许都不是优秀的皇帝，但他们都是优秀的文学家，甚至和同时代的文人相比，有过之而无不及。

赵佶自幼喜爱书法绘画，创造出了独具特色的瘦金体，流传千古，无人能超越。千古名画《清明上河图》的原作上，“清明上河图”五个字就是赵佶用瘦金体亲笔题写的。此外，一如赵孟頫（字子昂，宋末元初画家）擅长画马，宋徽宗画的鹰也是极有代表性的，民间素有“宋徽宗的鹰，赵子昂的马——都是好话（‘话’通‘画’）”的说法。

宋徽宗和周邦彦除了君臣关系以外，还有一段一直为后人津津乐道的风流韵事，故事的女主角是北宋著名花魁李师师。这三人的绯闻故事，主要见于宋人张端义所著的《贵耳录》。

李师师的名头不论在当时还是在后世，都是响当当的。宋代笔记《东京梦华录》记载：“崇观以来，在京瓦肆伎艺……小唱李师师、徐婆惜、封宜奴、孙三四等，诚其角者。”也就是说，李师师擅长“小唱”。而她所唱曲目大多是当时文人填写的长短句，很多知名文人都和她有来往，如秦观、晏几道、张先等。

在这些人中，和李师师联系最密切的就是周邦彦了。这二人一个有才，一个有貌，他们互相欣赏，很快就成了至交。为了赞美李师师，周邦彦特意为她填了一首词。

铅华淡伫新妆束，好风韵、天然异俗。
彼此知名，虽然初见，情分先熟。
炉烟淡淡云屏曲。睡半醒、生香透肉。
赖得相逢，若还虚过，生世不足。

相识久了，李师师越来越仰慕周邦彦的才华，与他来往十分密切。能让汴京城最炙手可热的花魁为之倾倒，周邦彦的才华可见一斑。

除了周邦彦，李师师还有一位入幕之宾，便是宋徽宗了。在汴京城内，李师师艳名远播，无论是文人墨客还是官员商贾，无不想一睹芳容，就连皇帝也免不了俗。

宋徽宗身为一国之君，后宫佳丽无数，可还是免不了对李师师着迷，经常微服前去与她相会。据传，为了方便见李师师，宋徽宗特意修了一条通往李师师所住街区“镇安坊”的暗道。

宋徽宗和周邦彦，一个是当今皇帝，一个是当朝才子，某一天，这两位李师师的常客居然不巧地“相遇”了。

那日，周邦彦和李师师正饮酒填词，忽然听说宋徽宗来了，情急之下周邦彦便躲到了李师师的床底下。当时宋徽宗心情极好，特意拿了江南进贡的橙子讨李师师欢心。李师师虽然担心周邦彦，但面对皇帝也不敢大意，笑着接待了他。二人一边剥橙子吃，一边笑着闲聊，气氛很快缓和了下来。

这一切全被周邦彦看在眼中，宋徽宗离开后，他便写了一首《少年游》，记录了李师师和宋徽宗幽会时的场景。

> 并刀如水，吴盐胜雪，纤手破新橙。锦幄初温，兽烟不断，相对坐调笙。
>
> 低声问：向谁行宿？城上已三更，马滑霜浓，不如休去，直是少人行！

李师师觉得这首《少年游》写得很不错，谱曲唱了出来。

几天后，宋徽宗又来见李师师了，他问李师师最近有没有什么新曲。李师师估计没多想，直接在宋徽宗面前唱了《少年游》。宋徽宗一听，这画面怎么这么熟悉？他问李师师是谁写的词，李师师不敢隐瞒，说是周邦彦。

回宫后，宋徽宗越想越气，于是随便找了个借口，把周邦彦贬出了京城。

又过了几日，宋徽宗心想，周邦彦这个情敌走了，李师师总该一心一意对自己了吧。他找了个机会去镇安坊探望李师师，谁知李师师不在家。他问了伺候李师师的侍女，侍女回答说，李师师去给周邦彦送行了。听到这样的回答，宋徽宗很不高兴，可他难得出来一趟，不见佳人一面总觉得不甘心。即便心里再不爽，他还是耐心坐着等李师师回来。

李师师回来时，愁容满面，心情不佳。宋徽宗问她原因，她说她欣赏周邦彦的才华，周邦彦这一走，她心里难受。宋徽宗又问，周邦彦临走前可有写什么新词。李师师就把周邦彦的新作《兰陵王》唱给了宋徽宗听。

柳阴直，烟里丝丝弄碧。隋堤上，曾见几番，拂水飘绵送行色。登临望故国，谁识京华倦客？长亭路，年去岁来，应折柔条过千尺。

闲寻旧踪迹，又酒趁哀弦，灯照离席。梨花榆火催寒食。愁一箭风快，半篙波暖，回头迢递便数驿，望人在天北。凄恻，恨堆积！渐别浦萦回，津堠岑寂，斜阳冉冉春无极。念月榭携手，露桥闻笛。沉思前事，似梦里，泪暗滴。

古人都喜欢以柳喻送别，周邦彦写这首词，可见他对汴京也是有很深的感情。他不舍的，除了京都的繁华，大概还有李师师这个红颜知己吧。所以他用一句“谁惜，京华倦客”道出了心中的愁苦和无奈。

这么好的词句，经由李师师绝佳的歌喉唱出，宋徽宗也忍不住为周邦彦的才华折服。他瞬间将那点醋意抛之脑后，下诏把周邦彦召回京城，封他为大晟乐正，也就是当时管理音乐的官员。当然，周邦彦在音乐方面肯定是有天赋的，《宋史》记载：“邦彦好音乐，能自度曲，制乐府长短句，词韵清蔚，传于世。”

没想到，因为一首词，两个情敌化干戈为玉帛，也是很有意思的一件事。

不过，关于这个故事，后世一直存在争议。按照李师师和秦观、晏几道等人的交往事迹来看，她应该比宋徽宗年长不少，二人之间不可能有男女之情。但是除了《贵耳录》，不少笔记小说中都有出现二人的韵事，因而又有人说，此“李师师”非彼“李师师”。

李师师后来的命运，也有好几种说法。

靖康二年（1127 年），金兵攻破汴京城，徽宗和钦宗被俘北上，北宋灭亡。李师师的命运也因此发生转变。在传奇小说《李师师外传》中，金兵主帅早已听闻李师师大名，欲将其占为己有，然而李师师宁死不从，吞金簪自杀。又有一说法，李师师被一尼姑所救，逃往南方，流落江湖，不复往日风态。

无论哪一种传说是真的，又或者都是杜撰的，“靖康之变”后大宋内忧外患，纵使能苟全性命，李师师的生活也必定大不如前。

昔日名动京城的花魁，至此结束了她辉煌的交际花生涯。

至于周邦彦，他的运气比李师师要好，他在南京因病去世，后被追赠为宣奉大夫。如《宋史》记载：“未几，知顺昌府，徙处州，卒，年六十六。”

无论如何，周邦彦的人生之路是明亮的。年轻时他一赋成名，填词作曲不在话下，是位颇有名气的音乐家。尽管仕途坎坷过，但他晚年相对顺遂，也未曾经历乱世。即便是现如今，他在文坛依旧享有盛名，有作品《片玉集》流传于世，是当之无愧的婉约派集大成者。

李之仪

被奇女子们偏爱的一生

惊艳了年少时光的她

元祐八年（1093 年），苏轼出任定州（今河北保定境内）知州。其间，他招了一位幕僚，并特地上书朝廷，请授此幕僚为定州签判，辅佐自己的日常工作。这位幕僚便是北宋著名词人——李之仪。

李之仪是苏轼的门人之一，虽然他不在“苏门四学士”之列，但苏轼一直很欣赏他。和苏轼的情谊也是李之仪人生中非常浓厚的一笔过往。苏轼名冠天下，想与之相交者数不胜数，李之仪也是其中之一，他视苏轼为偶像，且在文章风格上受苏轼的影响很深。他流传于世的《姑溪居士文集》中，有不少跟苏轼有关的作品。

在和苏轼的这段亦师亦友的关系当中，李之仪的妻子胡淑修扮演了重要的角色。胡淑修和丈夫一样，非常仰慕苏轼的才华，以能结交苏轼这样的大文豪为荣。

胡淑修，字文柔，北宋才女，出生于江南的一个书香门第，亦是官宦世家。胡淑修的外祖父、祖父和父亲都是北宋重臣。有这样的家庭背景，胡淑修所受到的教育自是不必说。她和所有世家才女一样，从小聪慧过人，不仅工诗词，通四书，谙历史，知佛学，甚至精通算术。若她生在后世，那就是妥妥的文理双科全才一枚。

李之仪在《姑溪居士妻胡氏文柔墓志铭》中记载："而（胡淑修）尤精于算数，沈括存中，余少师友，间有疑忘，必邀余质于文柔，屡叹曰：'得为男子，吾益友也。'"大致意思是，北宋科学家沈括，即《梦溪笔谈》的作者，也曾向胡淑修请教过算术方面问题。那么，胡淑修的算术造诣有多高，可想而知了，甚至让沈括发出了"如果胡淑修是男子，我们一定能成为好朋友"的感慨。在那个年代，女子很难堂而皇之与男子来往并切磋学问，想必沈括也是有所惋惜的。

除了和沈括的交集，《姑溪居士妻胡氏文柔墓志铭》也记录了胡淑修和苏轼相关的故事。比如，李之仪每次去苏轼府上，胡淑修都会叮嘱他："子瞻名重一时，读其书，使人有杀身成仁之志，君其善同之邂逅。"

有一次苏轼来李之仪家中小坐，胡淑修在屏风后面听他们聊天，苏轼离开后，胡淑修对李之仪说："我尝谓苏子瞻未能脱书生谈士空文游说之蔽，今见其所临不苟，信一代豪杰也！"

这样的言语，这样的感叹，胡淑修对苏轼的敬仰之情，溢于言表。同样，苏轼对胡淑修亦是充满欣赏的，他曾送给胡淑修一个好听的外号，叫"法喜上人"。

后来苏轼获罪被贬，他曾经的不少朋友都瞻前顾后，生怕连累到自己。胡淑修却毫不避讳，在苏轼临行前亲自去送他，并亲手为他缝制了一件衣服。她说："我一女子，得是等人知，我复何憾。"

能与苏轼相交，胡淑修是无憾的。在她眼中，不管苏轼是风光无限的文坛泰斗，还是落魄的阶下囚，她钦佩的只是他的人品和学识而已，不会因为他的际遇改变而发生变化。

李之仪能娶到胡淑修这样一位才华横溢、品行高洁的奇女子为妻，他亦十分珍视。他们患难与共四十年，几经浮沉，感情之深，如同金石。其间李之仪遇难，身陷囹圄，胡淑修依然不离不弃，想尽各种办法营救丈夫。

李之仪曾经的老师是北宋名臣范仲淹之子、“布衣宰相”范纯仁。范纯仁欣赏李之仪的学识，十分器重他，甚至病重之际也惦记着将李之仪叫到床前，口述遗言。李之仪没有辜负老师的期望，他秉承范纯仁的遗愿，为他写了传记。

范纯仁去世后，以蔡京为首的集团开始排除异己，大肆打压对手。李之仪不幸受到牵连，被害入狱。

家里的支柱倒了，胡淑修却没有像普通妇人那样惊慌失措。她四处托关系搭救丈夫，可惜求助无果。就在她绝望之时，她听说有位官员家中藏有范纯仁生前的手稿，这份手稿可以证明李之仪的清白。

胡淑修上门求取手稿，但蔡京的权势太大，这位官员忌惮，根本不敢交出手稿。胡淑修没办法，只得铤而走险，潜入官员家中盗出了手稿，最终将李之仪从狱中救了出来。身为一个在礼教社会长大的女子，胡淑修胆识过人，这番作为连男子都不由得钦佩。

虽然胡淑修盗出手稿救了李之仪的命，但蔡京容不下李之仪，将他发配到了太平州（今安徽省马鞍山市当涂县）。

李之仪不会想到，被贬太平州才是他人生最大劫难的开始。关于到太平州之后的生活，他这样记录：“到太平州四周年，第一年丧子妇。第二年病悴，涉春徂夏，劣然脱死。第三年亡妻，子女相继见舍。第四年初，则癣疮被体，已而寒疾为苦。”

也就是说，到太平州的第一年，李之仪的儿媳妇去世了；第二年，他本人病重；第三年，妻子胡淑修亡故，儿子、女儿也相继去世；第四年，他全身长满癣疮……

仕途不顺，入狱、贬官、病重、丧妻、丧子……诸多打击累积在一起，如一座大山将李之仪压得喘不过气来，他跌入了沉痛的深渊。

遭此劫难，李之仪一下子老了很多。他以为自己过不了这道坎，即将奔赴黄泉与妻子儿女相伴，但就在这个时候，他生命中另一位奇女子出现了，便是他的第二位妻子——杨姝。

相濡以沫，“共住长江头”的她

李之仪传世的文学作品中，最知名的是《卜算子·我住长江头》。

> 我住长江头，君住长江尾。日日思君不见君，共饮长江水。
>
> 此水几时休，此恨何时已。只愿君心似我心，定不负相思意。

“只愿君心似我心，定不负相思意”一度成为后世情侣间的表白金句。毫无疑问，这是一首描述情感的词作，它是李之仪写给杨姝的，这位才艺双绝的女子是他的红颜知己，也是在他最痛苦的时期陪伴在他身边的人。人生过半，经历诸多磨难之后，李之仪遇到杨姝，如涸辙之鲋入水，终于开始了新生活。

杨姝是歌伎，在那个年代，歌伎的身份十分低微，但这丝毫不影响她成为世人眼中的奇女子。早在十三岁那年，杨姝就已经显露出了与寻常女子不一样的侠义之心。这件往事，跟北宋另一位文学家黄庭坚有关。

崇宁元年（1102 年），黄庭坚曾短期出任太平州知州。杨姝是太平州人士，她得知黄庭坚在朝堂被诬陷的种种遭遇，以一曲《履霜操》相赠。

《履霜操》是一首古琴曲，相传是周朝大臣尹吉甫的儿子伯奇所作。尹吉甫的后妻担心伯奇影响到自己的地位，就对尹吉甫吹枕边风，以谗言诬陷伯奇。尹吉甫宠爱妻子，居然听信了她的话，把伯奇赶了出去。伯奇蒙受不白之冤，心中异常愁苦。就在被赶出家门的那一天，他踩着一地寒霜，写下了一首曲子：

履朝霜兮采晨寒，考不明其心兮听谗言。
孤恩别离兮摧肺肝。何辜皇天兮遭斯愆，
痛殁不同兮恩有偏。谁说顾兮知我冤。

曲终，伯奇投河而死，以示清白。因而后人常用《履霜操》的典故来形容冤屈。杨姝为黄庭坚弹奏此曲，其意欲为何，不言而喻。

黄庭坚有感于杨姝的义举，写了一首《好事近·太平州小妓杨姝弹琴送酒》赠予她。

一弄醒心弦，情在两山斜叠。弹到古人愁处，有真珠承睫。

使君来去本无心，休泪界红颊。自恨老来憎酒，负十分金叶。

后来，杨姝遇见李之仪，再度弹奏了《履霜操》。李之仪由这首曲子联想到了自己的遭遇，他不仅蒙受冤屈，贬谪太平州，还因此失去了妻子儿女……听完琴，李之仪不禁潸然泪下。他感恩杨姝能懂他心中的苦，将她作为知音，并作了一首《清平乐·听杨姝琴》相赠。

殷勤仙友，劝我千杯酒。一曲《履霜》谁与奏？邂逅麻姑妙手。

坐来休叹尘劳，相逢难似今朝。不待亲移玉指，自然痒处都消。

之后的日子里，李之仪和杨姝时常往来，对彼此也慢慢产生了感情。他们一起漫步长江畔，共赏滚滚长江。李之仪心中涌起了无限思绪，名传千古的《卜算子·我住长江头》遂成于此时。

那时的李之仪已年过五十，加上早年间身心所受到的创伤，必然憔悴又沧桑。而杨姝还是年轻貌美的少女，她能倾心于李之仪，想必十分仰慕他的才华。

在杨姝的陪伴下，李之仪慢慢走出了丧妻丧子的阴影。杨姝是他的解语花，她和胡淑修一样，义无反顾地陪在他身边，毫不介意他比自己年长几十岁。后来，二人结为夫妻，约定了共白头。

已步入晚年的李之仪重新找回了幸福时光。他和杨姝时常携手在姑溪畔游玩，沉醉在山水美景中。他给自己起了个雅号，姑溪居士，又叫姑溪老农。杨姝还给李之仪生下一子，据考证是李之仪的三子李尧光，但这个孩子是否是李尧光，尚存在争议。李之仪晚年得子，心中自然十分喜悦，一家人的生活也逐渐趋于稳定和幸福。

南宋学者王明清在他的《挥麈后录》中记录了李之仪和杨姝的故事："郡娼杨姝，色艺见称于黄山谷诗词中，端叔因遂蓄杨于家，已而生子。"这里的黄山谷即黄庭坚，端叔即李之仪，端叔是他的字。

李之仪不仅感情上再遇春天，仕途也开始回温。崇宁四年（1105年），朝廷大赦天下，李之仪在赦免名单之列，他恢复了官职，与杨姝所生的这个儿子也得到了荫封。

孰料，李之仪命中注定还有一劫。他不慎得罪了一位名叫郭祥正的人，郭祥正怀恨在心，知道李之仪和蔡京有宿怨，于是向蔡京检举：杨姝生的儿子不是李之仪的，李之仪却冒充是自己的儿子获得了荫封，这是欺君之罪！

蔡京自然不会让李之仪好过，在他的推波助澜下，郭祥正告发成功。《宋会要辑稿·职官》收录了这个案子："九月二十六日，管勾成都府玉局观李之仪除名勒停……其之仪令随母，已补假将仕郎补牒追夺毁抹。淮东提刑司勘到之仪与杨姝逾滥，及信凭杨姝所生男为己子，增岁乞补，孙鄹、向子熹、程通失觉察，故皆坐之。”

官府判李之仪革职除名，判杨姝杖刑，他们的儿子随母生活。对这个好不容易熬过了风雨的家庭来说，这简直就是飞来横祸。直到几年后，李之仪的外甥和门人替他们翻案，一家人才得以团聚。

又过了几年，李之仪去世。杨姝按照他生前遗愿，把他和亡妻胡淑修合葬在了一起。

李之仪这一生遭遇诸多坎坷，但是能得到两位旷世奇女子的偏爱，也算不枉此生。

李清照

稳坐『第一才女』宝座

大宋“另类”离婚官司

李清照有过两段婚姻：少女时期嫁给了志趣相投的赵明诚；中年丧夫后再嫁张汝舟。跟第一段幸福美满的婚姻相比，她和张汝舟的那段，用“一地鸡毛”来形容似乎都太轻了。为了摆脱那种心力交瘁的日子，李清照选择了最惨烈，也是旁人无法理解的方式——把张汝舟告上公堂。

《宋刑统》明文规定：“妻告夫罪，虽得实，徒两年。”意思是，妻子状告丈夫，就算丈夫真的有罪，妻子也得坐两年牢。这条听起来又离谱又荒谬的规定，在宋朝确是铁律。李清照明知状告张汝舟会是什么下场，为何还要一心撞南墙呢？一来，张汝舟实在太过分；二来，因为她是女中豪杰李清照！

张汝舟娶李清照，本就是一场有预谋的骗局。

建炎三年（1129 年），赵明诚去世。李清照悲痛万分，大病了一场。然而，时局虽动荡，人生却还要继续。她处理完赵明诚的后事，带着他们珍视的文物和书籍一路南下。由于他们夫妻二人素来喜欢收藏，李清照最初离开青州（今山东省潍坊市辖区）老家时，带回十五车行李，这还是精简之后的。但她一介女流，一路颠沛流离，保命尚且不易，携带的文物在途中逐渐丢失，越来越少。

绍兴二年（1132 年），李清照到了杭州。那时候，宋高宗和群臣也都在杭州，未来几年后，杭州还将会成为南宋的都城，那里暂时是安全的。李清照好不容易停下了漂泊的脚步，多年奔波的生活令她承受了诸多苦难，她太累了。恰在此时，张汝舟出现了。为了能有个栖身之所，已近 50 岁的李清照嫁给了张汝舟。

张汝舟虽样样不如赵明诚，但大小是个官员，有能力给李清照一个遮风挡雨的地方。何况他是带着目的接近李清照的，可想而知，前期的他必定对李清照关怀备至，以求能打动才女的心。总而言之，他就算是装样子，也得装到位。李清照大概是被他这副虚假的面孔蒙蔽，权宜之下做了再嫁的决定。

李清照的名气很大，稍微了解她的人都知道，她和赵明诚有不少收藏。张汝舟就是动了这个歪心思，想方设法把她娶回家，再一步步谋取她收藏的古玩字画。他没想到的是，大部分藏品在李清照南迁的路上遗失了，剩下为数不多的几件，李清照是断不会交给他的。

张汝舟心知讨不到什么便宜，干脆撕掉了伪善的面孔，对李清照动辄打骂，拳脚相加。后来，李清照在给翰林学士綦崇礼的信中提到了张汝舟对自己的家暴行为：“遂肆侵凌，日加殴击，可念刘伶之肋，难胜石勒之拳。”光是看这段描述，都能想象她所受的屈辱，也难怪她离婚的决心如此强烈。“取自宸衷，付之廷尉。被桎梏而置对，同凶丑以陈词。”这里的“凶丑”指的就是张汝舟，可见离婚官司当天，李清照是戴着手铐和脚镣与张汝舟对簿公堂的。

根据宋朝法律，若夫妻双方都同意离婚，可以顺利解除婚姻关系，如《宋刑统》中“夫妻不相安谐而和离者，不坐”。显然，张汝舟不乐意。那就没办法了，不能和离就强离，她李清照可不是受气包的性格，不惜自损八百也要伤敌一千。

李清照与张汝舟一同生活期间，掌握了他科举舞弊的证据，她打赢了这场官司。最终，张汝舟被革职发配柳州，李清照恢复单身，但同时也被判入狱。

所幸，李清照有着良好的出身，亡夫赵明诚还是前宰相赵挺之的儿子，这些年来，他们在朝中多少是有一些人脉的，比如李清照写信感谢的这位翰林学士綦崇礼。入狱九天后，李清照在亲友们的帮助下被释放。

这段维持了不过百天却让李清照无比糟心的婚姻，总算落下帷幕。她显然受这段婚姻的负面影响很大，不论是身体上还是精神上。和早期作品相比，她晚年写的词风格要悲凉许多，最具代表性的便是《声声慢》。

寻寻觅觅，冷冷清清，凄凄惨惨戚戚。乍暖还寒时候，最难将息。三杯两盏淡酒，怎敌他晚来风急？雁过也，正伤心，却是旧时相识。

满地黄花堆积，憔悴损，如今有谁堪摘？守著窗儿独自，怎生得黑！梧桐更兼细雨，到黄昏、点点滴滴。这次第，怎一个愁字了得！

词中的愁绪，既源于自身婚姻的不幸，生活的漂泊，也带着她对国破家亡、山河不再的感慨。北宋灭亡后，凡是骨子里流淌着爱国情绪的文人，作品风格多少会受到影响，李清照也是其中之一。

在李清照的一生中，晚年再嫁张汝舟被不少人视为她唯一的失德之举。不过李清照似乎并不在乎，不然也不至于采取那么激烈的方式把张汝舟告了，闹得人尽皆知。在她看来，再嫁的初衷是希望过得好一些，拼死离婚也是希望往后的日子能好一些。身为一代才女，她的眼界远比同时代的大多数人高。她在意的，又岂是个人得失。

在朝廷党争中游走的爱情

李清照的父亲李格非，北宋文学家，也是苏轼门人，被称为“苏门后四学士”之一。李格非的夫人，即李清照的生母王氏，是宋仁宗年间的状元王拱辰的孙女。生在这样的官宦家庭兼书香门第，李清照虽是女子，但她受到的教育，接触到的人和事，注定了她不是普通的闺中女子。据《碧鸡漫志》记载：“（李清照）自少年便有诗名，才力华赡，逼近前辈。在士大夫中已不多得。”

李清照十几岁就能写诗作词，很难相信，她的代表作《如梦令》就是写于少女时期。

昨夜雨疏风骤，浓睡不消残酒。试问卷帘人，却道海棠依旧。知否，知否？应是绿肥红瘦。

建中靖国元年（1101 年），十八岁的李清照嫁给了二十一岁的赵明诚。赵明诚的家庭和李清照如出一辙，也是官宦世家和书香门第的结合版。他们二人的婚姻绝对称得上门当户对、天作之合。

结婚初期，李清照和赵明诚见面的时间并不多，谁让赵明诚那会儿还是个没毕业的太学生呢。太学是大宋最高学府，校规多，假期少，每年只有清明、冬至、春节三个小长假，其余时间基本都得窝在学校苦读。太学生若是想离校见家人，只能请假。

据李清照在《金石录后序》所述：“时先君作礼部员外郎，丞相作礼部侍郎侯年二十一，在太学作学生。赵、李族寒，素贫俭。每朔望谒告，出，质衣，取半千钱，步入相国寺，市碑文果实。”

这段话提供了两个关于李清照和赵明诚婚后生活的信息。一是赵明诚每个月初一和十五会请假回家，跟李清照相聚。二是这对年轻夫妻有个共同爱好，就是去相国寺“淘宝”，所淘物件如碑文、字画等。

相国寺是北宋的皇家寺院，但其职能不只是寺院，也是个大型商业贸易中心，每个月开放五次，允许百姓进寺内做生意，叫作“万姓交易”。如《东京梦华录》记载：“殿后资圣门前，皆书籍、玩好、图画及诸路罢任官员土物香药之类。”

李家和赵家虽然都是官宦家庭，但并不富裕。为了成全爱好，李清照和赵明诚节衣缩食，只求能买到心仪的宝贝。他们收藏的那些文玩字画，想必有不少是从相国寺淘来的。要知道，相国寺可是北宋淘宝圣地，运气好的话还可以淘到名人真迹。比如，黄庭坚曾经在这里买到了宋祁的手稿；书画家米芾曾以七百金买了王维的《雪霁图》。诸如此类的例子还有很多，李清照和赵明诚一定也是有所收获的。

都说小别胜新婚，从李清照留下的文字来看，新婚燕尔时期，他们的生活很幸福。可惜这样的日子维持的时间并不长。崇宁元年（1102 年），李格非被打上了“元祐党人”的标签，即所谓的元祐年间“害政之臣”。紧接着，李格非被罢官，不得在京中任职，他只能带着家眷回老家。

李清照也受到了此事的影响，因为朝廷明文规定，“宗室不得与元祐奸党子孙为婚姻”，也就是说，李清照无法再与赵明诚生活在一起了。她不得不离开汴京，前往老家投奔父亲。

和丈夫分别的这段时间，李清照时常回忆起他们举案齐眉的日子，心中无限惆怅。带着这样的愁绪，她写了《一剪梅》。

红藕香残玉簟秋，轻解罗裳，独上兰舟。
云中谁寄锦书来？雁字回时，月满西楼。
花自飘零水自流，一种相思，两处闲愁。
此情无计可消除，才下眉头，却上心头。

“一种相思，两处闲愁”，说的正是她和赵明诚的别后相思。

崇宁五年（1106 年），朝廷解除了元祐党人禁令，对贬谪的元祐党人进行大赦。李格非遇赦，李清照总算能回汴京跟赵明诚团聚了。不过他们在汴京的生活并没长久，大观二年（1108 年），赵挺之在和蔡京的党争中失败，先是被罢官，后病逝。赵家失势，李清照跟赵明诚回到了青州老家，这一去就是十年。

从某种意义上来说，李清照婚后真正幸福平静的生活，就是在青州的十年。他们不再受朝堂纷争影响，不用提心吊胆过日子。他们有大把的时光享受美好的事，读书、品茶、作词，收集古董文物，研究学问，编写书籍……

李清照把他们的居所命名为“归来堂”，又给自己起了个雅号，便是后人对她的尊称——易安居士。

才女的爱好，非同寻常

李清照不是普通女子，才学品貌上如此，就连她的爱好也是如此。

对于李清照爱喝酒这一点，持反对意见的人应该很少。她传世的作品中，跟喝酒有关的比比皆是。除了最有名的“昨夜雨疏风骤，浓睡不消残酒”，还有她十六岁时写的另一首《如梦令》。

常记溪亭日暮，沉醉不知归路。兴尽晚回舟，误入藕花深处。争渡，争渡，惊起一滩鸥鹭。

词中记录的是李清照少女时期在她老家发生的事。她应该是与友人在溪亭游玩，喝了点小酒，尽兴后在湖中划船，不料竟酒酣迷路了。非常俏皮而又美好的过往，这也是她第一次在文字中描述自己醉酒。

再如这首《醉花阴》。

薄雾浓云愁永昼，瑞脑消金兽。佳节又重阳，玉枕纱厨，半夜凉初透。

东篱把酒黄昏后，有暗香盈袖。莫道不消魂，帘卷西风，人比黄花瘦。

这首词写于她婚后的某个重阳节，因赵明诚不在身边，独自过节的她思念丈夫，喝了点小酒，感慨之下提笔作词。

李清照仰慕陶渊明，陶渊明有“采菊东篱下”，她便写了“东篱把酒黄昏后”，算是致敬偶像。不仅如此，多年后她和赵明诚回青州生活，还把他们的住处命名为“归来堂”，正是源于陶渊明的《归去来兮辞》。她自号“易安居士”，也是因为《归去来兮辞》中的“倚南窗以寄傲，审容膝之易安”。

除了喝酒，李清照也爱喝茶。不但爱喝茶，她的茶艺水平也相当高。

宋朝人的“喝茶”跟后人理解的不太一样，那时候流行的品茶方式是点茶，其大致步骤是：将茶烘干成饼，碾成粉末，用沸水冲泡茶粉，调至糊状，并用茶筅快速搅拌，使茶汤和茶粉融合，生出茶沫。茶汤的颜色越白，茶沫咬盏的时间越长，意味着点茶的水平越高。

宋朝文人雅士聚会，经常会互相展示自己的点茶水平，又称斗茶。李清照在不少作品中描写了自己的点茶技艺，如《转调满庭芳》。

> 芳草池塘，绿阴庭院，晚晴寒透窗纱。玉钩金锁，管是客来吵。寂寞尊前席上，唯愁海角天涯。能留否？酴醾落尽，犹赖有梨花。
>
> 当年曾胜赏，生香熏袖，活火分茶。极目犹龙骄马，流水轻车。不怕风狂雨骤，恰才称，煮酒笺花。如今也，不成怀抱，得似旧时那？

“活火分茶”指的是点茶后在茶沫上拉花，跟现如今的咖啡拉花有异曲同工之妙。不过，分茶比咖啡拉花难度大，因为他们在茶汤上作的图案可不是一个爱心或一朵花那么单调，而是自然山水、花草树木、鸟兽虫鱼……

这项绝活不仅需要技术，更需要耐心。李清照把分茶这一技艺玩得明明白白，充分彰显了才女不同常人的学习能力。要么说呢，聪明的人学什么都快！

学点茶分茶也就罢了，就连赌博这种需要运气的技能，李清照都能成为王者。她晚年写过一本书，叫《打马图经》。“打马”是宋朝的一种博弈游戏，一般人玩玩就罢了，李清照精通到什么地步呢？写游戏指南！毫无疑问，她是实打实的“打马”高手。

李清照在《打马图经序》中写道：“予性喜博，凡所谓博者皆耽之，昼夜每忘寝食。且平生随多寡未尝不进者何？精而已。”翻译过来就是，我喜欢赌博，每次一赌就沉迷其中，不分昼夜，废寝忘食。我赌了一辈子，逢赌必赢，这是为什么呢？因为我学得精啊！

这要是被赌技差的人看到，估计要嫉妒得半死。这是炫耀，妥妥的炫耀！但也不得不服，只想尊称一声：赌神李清照。

李清照敢写下这样的文字，不只因为她聪明，也因为她知道自己聪明。聪明的她还喜欢评论诗词，为此她特地写过一篇《词论》，把词坛能叫得出名字的大家评了个遍。比如，柳永的词虽然附和音律，但是俗气；张先、宋祁和宋庠兄弟以及沈唐等人，虽然偶尔能写出佳句，但零零散散称不上名家；晏殊、欧阳修、苏轼，虽然学识渊博，但作的词都长短不齐，不合音律……

如此毒舌的评论，不知膝盖中箭的各位名家看到会作何感想。怕是也只有李清照敢这么“口出狂言”了。毕竟，人家是千古第一才女，有无穷无尽的才华，不服来战！

辛弃疾

不想上阵杀敌的词人不是好农夫

将来退休了，就当个快乐的农夫

淳熙七年（1180 年），辛弃疾出任隆兴（今江西南昌）知府兼江西安抚使，他就在广信（今江西上饶）买了块地，盖了几百间房子，开辟了一大片农田。这是辛弃疾给自己置办的养老基地，按照他的规划，将来年纪大了干不动了，他就退休，在这里种地、养老，当个快乐的农夫。他还给这个退休胜地起了个名字，叫作“稼轩”，又给自己起了个外号，叫“稼轩居士”。

辛弃疾有个好友叫洪迈，是南宋的文学家，很会写文章。他把自己家的建筑图纸给了洪迈，对他说：“我很喜欢我的稼轩，你帮我写一篇记录的文章呗。”

洪迈当然不会拒绝好朋友的请求，他洋洋洒洒写了一篇优秀的散文——《稼轩记》，其中详细描述了辛弃疾当年在战场英勇杀敌的过往，还在文章最后畅想了一下他和辛弃疾的未来。在洪迈的想象中，他们晚年相逢的情形应该是这样的：

辛弃疾建功立业，锦衣归来，享受着自己喜爱的乡村退休生活。他戴着斗笠，划着小船，安静地漂在溪上。某一天洪迈去拜访辛弃疾，敲开稼轩的门，对园中的仆人说：“我是辛弃疾的好朋友呀，就是写《稼轩记》的那位。”辛弃疾正在吃饭，听到洪迈来了，马上放下筷子去门口迎接。他们坐在同一张桌上吃饭，握手一笑。辛弃疾拂拭着壁上石刻的文章，细细品读，想起那是洪迈当年为稼轩作的文章，他心里惦记着，这是我老朋友呢！

洪迈真的是用心良苦，他在《稼轩记》末尾畅想的未来，划重点：辛弃疾已经完成了建功立业的壮志。他是辛弃疾的知音人，他很清楚，辛弃疾一生最大的愿望就是收复中原，还大宋一个完整的河山。

辛弃疾自己想象的退休生活又何尝不是如此呢！只有国家统一，社会安定，百姓才能有安稳的生活。届时辞职归家的他才能在乡下做个日出而作、日落而息的老农，就那么一直快乐到老，多好啊！

辛弃疾很享受乡居生活，他写过不少关于农村小美好的诗词，比如《清平乐·村居》。

> 茅檐低小，溪上青青草。醉里吴音相媚好，白发谁家翁媪。
>
> 大儿锄豆溪东，中儿正织鸡笼；最喜小儿亡赖，溪头卧剥莲蓬。

这是他在上饶赋闲期间写的。稼轩落成的那一年，即淳熙八年（1181年），他被弹劾罢官了。或许他早就意识到自己太过刚止，得罪了人，迟早要经历这么一劫，所以提前把退休的住所盖好了。别人赋闲也就闲几年，多的不过十年，就会被起用。而辛弃疾这一闲就闲了二十年。当然，中途他被起用过一次，在福建任职了一阵子，但很快又被弹劾罢官，再次回到稼轩。

村居赋闲期间，辛弃疾的日常生活很放松，学学耕种，写写诗词，交交朋友。除了洪迈，他和南宋文学家陈亮、理学家朱熹等，都是聊得来的好朋友。这几位大咖对辛弃疾的人品都倍加欣赏，恨不得一提起辛弃疾就竖大拇指，还特地写文字夸过他。

虽然田园生活很美好，但辛弃疾就不是一个甘心隐居的人，山河还未收复，他又怎么能安心过自己的小日子呢。可他无官无职，什么都做不了，只能写字发发牢骚。他曾在博山道中的石壁上题了一首《丑奴儿》。

少年不识愁滋味，爱上层楼。爱上层楼，为赋新词强说愁。

而今识尽愁滋味，欲说还休。欲说还休，却道天凉好个秋。

一首词，三个“愁”字。年少时期不知道这种感觉是什么样的，中年后的他可是体会了个遍。写下这首词的时候，辛弃疾的心情应该是非常复杂的。他多想自己可以骑上快马，带着宋军杀回北方，让金人把故土还回来！然而，理想有多美好，现实就有多残酷。

辛弃疾其实有些谦虚了，别人的少年或许是真的“不识愁滋味”，他的少年可不一般。他曾经率领五十人突袭金兵五万人的大营，把叛徒生擒了回来。那一年，他才二十三岁，正值年少。

别拦我，让我去杀敌

辛弃疾是济南人，和李清照是老乡。李清照号易安，辛弃疾字幼安，他们又被后人称为“济南二安”。不过辛弃疾出生于绍兴十年（1140 年），那时候北宋已经灭亡，济南属于金国的统治区。

辛弃疾的爷爷叫辛赞，由于当年没来得及南渡，他不得已在金国朝廷当了个官。但辛赞是“身在曹营心在汉”的典型，他在辛弃疾很小的时候就教育他：记住啊，你是宋人，将来你是要带兵打回来的！辛赞用心良苦，言传身教，经常带辛弃疾去野外登高远眺：这里，这里，还有这里，都是我们大宋的河山，以后你要全部收复啊！

辛赞既存了让辛弃疾收复河山的心思，光思想教育是不够的，还得实地考察。他让辛弃疾去金国的都城燕京（今北京市）考科举，不过考试是假，观察地形才是真，要不然辛弃疾也不至于考了两次都落榜了。

在辛赞的教育下，辛弃疾从小就是个爱国主义好青年，立志要为祖国的统一事业奋斗终生。

绍兴三十一年（1161 年），金国皇帝完颜亮举兵南下，企图灭掉南宋。辛弃疾做了这么多年准备，觉得时机到了，于是揭竿而起，组了一支两千多人的起义军对抗金国。之后，辛弃疾率起义军加入了抗金领袖耿京的队伍，担任掌书记一职，类似于文书和参谋。

好不容易找到组织，辛弃疾还没打过瘾，队伍里就出了乱子。有个叫义端的和尚之前和辛弃疾关系不错，也是因为辛弃疾才投奔了耿京。但义端心术不正，某天傍晚偷走了耿京的大印，准备去投奔金人。

耿京勃然大怒，要杀辛弃疾。义端是辛弃疾引荐的人，义端盗印逃跑，这个责任得由辛弃疾来担。但辛弃疾没有慌乱，也没有害怕，他信誓旦旦地向耿京请求：“给我三天时间，我把义端抓回来谢罪。

如果抓不到，你再杀我也不迟。”耿京对辛弃疾还是有信任基础的，他同意了。

辛弃疾猜到义端偷了印肯定要去向金人告密，他算出了义端的逃跑路线，快马加鞭，还真就追上了义端！

义端被抓捕，吓得赶紧求饶：“辛哥，辛爷，我知道你是上古神兽青兕转世，力量大得能杀人，求求你饶我一命，别杀我啊！”

辛弃疾：“好啊。”然后手起刀落，毫不犹豫斩了义端，带着他的首级和大印回去了。

绍兴三十二年（1162 年），辛弃疾奉命南下和朝廷联络，宋高宗在建康（今江苏南京）接见了辛弃疾一行人，并嘉奖了他们。朝廷任命耿京为天平军节度使，任命辛弃疾为掌书记，召他们带队伍南归。

辛弃疾带着朝廷旨意返回的途中，军中发生动乱，一个叫张安国的叛徒把耿京给杀了。张安国和另一个叫邵进的人带了部分人马投降了金国，还被封了个官。辛弃疾听到这个消息，又惊讶又愤怒，他得给上司报仇啊！而且朝廷的旨意都颁布了，没有主帅他有什么脸去复命！

然后，辛弃疾挑战了一个看似不可能完成的任务，并且挑战成功了。他带着五十名骑兵奔向了金国大营。当时张安国在摆庆功宴，喝得正开心，辛弃疾突然带人杀进来，从五万人的金营把他绑走了。估计整个金营的人都懵了：还能这样？

洪迈在《稼轩记》中轻描淡写地提了这一过程，仿佛辛弃疾以五十敌五万是常规操作：

（辛弃疾）赤手领五十骑缚取于五万众中，如挟毚兔，束马衔枚，间关西奏淮，至通昼夜不粒食：壮声英概，懦士为之兴起！圣天子一见三叹息，用是简深知，入登九卿，出节使二道，四立连率幕府。

这段话的大致意思是，辛弃疾率领五十人从五万人中绑走张安国，就像逮兔子一样轻松，他们策马南下，连皇帝见了都要再三赞叹，从此辛弃疾受到重用，位列九卿。

洪迈毕竟是受朋友之托写文章，他说辛弃疾擒敌归来受到重用，有些言过其实了。事实上，辛弃疾把张安国带回来斩首示众，朝廷的确为他的英勇所震撼，他也因此一举成名。但是宋高宗给辛弃疾封的官跟他在军中的勇猛行为相比，实在是大材小用了。他被封的职位是江阴佥判，一个负责公文的小官吏。这操作，简直就是用宰牛刀杀鸡。

辛弃疾之所以没受到重用，跟他的出身有关。他是从金国沦陷区南归投奔朝廷的人，在当时被称为“归正人”。“归正”意为改邪归正，这个称呼实在不怎么好听。可见南宋统治阶层不怎么看得上南归的人，自然也就不会给他们太高的待遇。

辛弃疾没有因为自己没被重用而气馁，多年以来，他一直记着对爷爷的承诺，誓死要收复失地。

之后，宋孝宗即位了，他表露出了北伐的决心，也开始重用主战派。辛弃疾看到了希望，先后做了《美芹十论》《九议》等军事论著，结合他在金国生活的经历，提出了非常详细的抗金策略。

不知是因为辛弃疾“归正人”的身份，还是因为南宋统治阶层早已习惯了偏安一隅，辛弃疾的建议没有被采纳。北伐了几次之后，南宋朝廷又继续苟着了。也难怪辛弃疾时常郁闷，只能靠写词来发泄。其中最有名的，莫过于《破阵子·为陈同甫赋壮词以寄之》。

> 醉里挑灯看剑，梦回吹角连营。八百里分麾下炙，五十弦翻塞外声，沙场秋点兵。
>
> 马作的卢飞快，弓如霹雳弦惊。了却君王天下事，赢得生前身后名。可怜白发生！

陈同甫即陈亮，辛弃疾的好朋友。这首词写于他在江西赋闲期间，应该是某天回想起了当年在沙场杀敌的情形，忍不住感叹自己不受重用，壮志未酬身却先老了。作为一个曾经带兵打仗的将军，这样的后续发展，辛弃疾的确该郁闷。

有贼！待我组个军队去教训他们

辛弃疾闻名后世，主要原因是他的词写得好，随便拿出一首都是语文课本中的重点篇目，大家也就理所当然把他当成了文人。但是在辛弃疾心中，他根本就是为战而生的！上阵杀敌是他最迫切的愿望，就算不能去抗金，那也得去杀奸恶的贼人。

每次遇到地方上闹贼寇，辛弃疾就见缝插针向朝廷提议：要不，我们组个军队吧！

在辛弃疾锲而不舍的提议下，军队还真被他建成了。

淳熙二年（1175 年），辛弃疾出任江西提点刑狱，带兵剿灭了茶贩赖文政组织的起义军。这大概是辛弃疾南归以来最痛快的一次，他终于找回战场杀敌的快感了，怎一个爽字了得！杀完贼的辛哥磨刀霍霍：哪里还有贼人？来啊，我还没过瘾呢！

剿灭了赖文政起义军后，辛弃疾的本事被朝廷认可，很快就升职为秘阁修撰。之后的几年，他先后做了京西转运判官、江陵（今湖北荆州）知府兼湖北安抚使、隆兴知府兼江西安抚使、大理寺少卿、潭州（今湖南长沙）知州兼湖南安抚使等。这一时期，是他在南宋朝廷仕途走得最稳的时期。

辛弃疾在湖南任职期间，山区多盗匪，他多次剿灭贼寇。为了应对这种隐患，他上奏朝廷，想组建一支专业的军队，以飞虎为名，听朝廷帅臣调遣。这样就可以立军威，震慑盗贼，必要时可抵御盗贼袭击。皇帝批准了，辛弃疾很激动。

淳熙七年（1180 年），辛弃疾开始筹建飞虎军。他选好了营地，招募步兵两千，骑兵五百，准备了军队所需的战马和铠甲。由于筹备军队花钱太多了，朝中有人不乐意，弹劾他敛财。很快，朝廷给他发了一道金字牌，勒令他停止筹建飞虎军。

辛弃疾收到金字牌，立刻藏了起来，并下令加急筹建，一个月内必须建完！

老辛这次是铁了心，没有人能阻止他建军队。朝臣不能，皇帝也不能！在他的监督下，飞虎军营真的在一个月内完工了，他拿着营地图纸向皇帝禀明了缘由。皇帝能怎么办？当然就这么算了呗。

接下来就是辛哥的“秀场”，他带着飞虎军镇守一方，哪里不服打哪里。盗匪们听到辛弃疾和飞虎军的威名，不服也只能憋着。

没过多久，江西闹饥荒，朝廷把辛弃疾调去赈灾，他再次出任隆兴知府兼江西安抚使。也就是在这一年，他在上饶修建稼轩，规划自己的退休生活。因为他隐约感觉到，他之前筹建飞虎军的时候得罪了人，可能会被弹劾。

果不其然，淳熙八年（1181 年），辛弃疾被弹劾罢官了。恰好稼轩落成，他搬进了新家，开始过赋闲生活。

绍熙三年（1192 年），赋闲十年的辛弃疾被起用，出任福建提点刑狱。他熟悉完福建的环境，上奏朝廷："福建临海，是盗贼的老巢，容易发生叛乱。怎么办呢？要不，我们组个军队吧！"

这次组建军队的事还没个影儿，辛弃疾又被弹劾了。理由很窒息，弹劾他的人说："辛弃疾这个人吧，花钱如泥沙，杀人如草芥，迟早是要在闽中一带称王称霸啊。这样下去可不行！"

于是，辛弃疾又丢官了，继续回家赋闲。

在辛弃疾的青年和壮年时期，朝廷似乎并没有真心实意支持他的事业，不过是哪里闹出点动静了，就派他去善后，善后完毕又把他闲置了。因此在这一时期，辛弃疾时常感叹自己怀才不遇，报国无门。

直到嘉泰三年（1203 年），朝廷又吹起了北伐的风，已经六十多岁的辛弃疾又被想起来了。这一次，朝廷派他出任绍兴知府兼浙东安抚使。年迈的辛弃疾壮心不已，还是殷切希望可以为朝廷效力。他带着一腔热血，筹划抗金。

可惜当时的主帅韩侂胄还没做好军事准备，辛弃疾觉得够呛。

他提出了诚恳的建议，认为北伐应从长计议，做好万全的准备再付诸实践，否则无法成功。他的建议没被采纳，北伐后续也跟他预料的一样，宋军一败涂地。

辛弃疾认清了现实的残酷，他在北固亭登高远望，写下了千古名作《永遇乐·京口北固亭怀古》。

千古江山，英雄无觅，孙仲谋处。舞榭歌台，风流总被，雨打风吹去。斜阳草树，寻常巷陌，人道寄奴曾住。想当年，金戈铁马，气吞万里如虎。

元嘉草草，封狼居胥，赢得仓皇北顾。四十三年，望中犹记，烽火扬州路。可堪回首，佛狸祠下，一片神鸦社鼓。凭谁问：廉颇老矣，尚能饭否？

一代名将廉颇老了，尚且不被重用，彼时的辛弃疾也老了，跟廉颇有什么区别呢？他虽有心报国，但恐怕等不到那一天了。

开禧三年（1207 年），六十八岁的辛弃疾生病去世。临死前，他口中还喊着：“杀贼！杀贼！”

陆游

一身忠魂的理性情痴

需用一生来治愈的爱情悲剧

陆游，南宋著名诗人。对后人而言，他一生被赋予的最重要的两个标签，一是爱国主义诗人，二是“钗头凤”的爱情悲剧。

陆游的第一任妻子姓唐，后来因南宋文人周密所著《齐东野语》一书中提到，“陆务观初娶唐氏，闳之女也，于其母为姑侄”，久而久之，在流传下来的故事中，陆游的前妻唐氏和他成了姑表亲关系，即表妹唐琬。在古代，表兄妹是允许通婚的。

唐琬出身于大家族，是个妥妥的大家闺秀兼才女。陆游的文学造诣自是不用说，陆家也是官宦世家，加上陆唐两家还有亲戚关系，这段婚姻本该十分完美。至于为啥会发展成悲剧，问题就出在陆游的母亲身上，她很不喜欢唐琬。

虽说婆媳矛盾自古就是个大问题，但唐琬是陆母的娘家亲戚，是她亲兄弟的闺女，也不知道老太太咋想的，非得把事情做绝。

有一种说法是，唐琬才华横溢，跟陆游志同道合，二人婚后时常诗画为伴，琴瑟和鸣。老太太骨子里的封建思想作祟，她觉得女子无才便是德，太聪明的媳妇儿不是好媳妇儿，唐琬这样简直就是耽误陆游进步，难怪陆游考不上功名，全赖她！差评！

还有一种说法是，唐琬嫁到陆家之后一直没有生育，陆母觉得她生不出孩子，“不孝有三，无后为大”，这样下去可不行！于是来了个棒打鸳鸯，逼着陆游把唐琬休了。

那个年代讲究三纲五常，三纲指的是“君为臣纲，父为子纲，夫为妻纲”，说白了就是臣子要绝对服从君王，儿子要绝对服从父亲，妻子要绝对服从丈夫。读书写字是男人的事，女人靠边站，好好相夫教子就够了。在陆游母亲眼中，唐琬天天舞文弄墨就是不对，她就不该有才华。

除此之外，古代男子休妻一般讲究七出，即“不顺父母，无子，淫，妒，有恶疾，口多言，窃盗”。只要犯了其中任何一条，丈夫就有理由休妻，旁人也不能说什么。这也是陆母逼着陆游休妻，陆游心中一百个不愿意却不得不照办的原因之一。而且他是个孝子，古代讲究“百善孝为先”，他无法违背母亲的意思。

离婚后，陆游把唐琬安置在别院，估计想先缓缓，过阵子再找个借口把她接回来，比如想办法让唐琬尽快生个孩子什么的。又或者，将来等陆母百年之后，他们可以再续前缘。

可惜，陆游的小算盘被精明的老妈发现了。老太太非常非常生气，为了掐断陆游想和唐琬相守的最后一丝希望，她做主让儿子娶一位王姓女子为妻。大孝子陆游没办法，母亲的话他不敢不听。即便心里惦记着唐琬，他还是娶了王氏。

陆游和王氏成婚没多久，王氏怀孕了。唐琬也改嫁了，新任老公是同郡的赵士程。这位赵同学的背景有点牛，是皇族赵氏的后裔，正统的宗室子弟。

就这样，陆游和唐琬各自有了新的家庭，房门一关过起了各不相干的日子。虽说二人是姑表亲，但经过休妻事件后，两家应该不会再有来往了。

故事到这里还没结束，生活远比小说曲折多了，要不怎么说小说剧情都源于现实呢。

十年后的某一天，陆游独自到沈园游玩。

沈园本是一处私家花园，后来对外开放，只要有空，随时可以去溜达。陆游可以去，唐琬也可以去。只不过二人都没想到，他们会在这里偶遇。前任见面本就尴尬，更不巧的是，唐琬的现任赵士程也在。哦，简直就是个“大型修罗场”。

唐琬和陆游的旧事，赵士程自然是知道的。他们是同乡，就那么大点的地方，有什么秘密能捂得住？不过赵士程心态很好，对妻子也很尊重，他非常大方地同意了唐琬跟陆游交谈并敬酒。一来，毕竟是亲戚关系；二来，可能也是想帮唐琬解开心结。

这次见面让陆游很感慨，唐琬离开后，他在沈园的墙壁上写下了《钗头凤》。

红酥手，黄縢酒。满城春色宫墙柳。东风恶，

欢情薄。一怀愁绪，几年离索。错，错，错！

春如旧，人空瘦。泪痕红浥鲛绡透。

桃花落，闲池阁。山盟虽在，锦书难托。莫，

莫，莫！

“东风恶，欢情薄”一句很有深意。突如其来的东风吹散了春日的美景，就像陆游和唐琬的婚姻，说断就断。这个“东风”八成指的就是陆母了，可见陆游对母亲是有埋怨的。原本多美好的一段姻缘，说拆散就拆散。

上阕词的结尾，陆游一连感叹了三个“错”字，可想而知他有多么悲痛、无奈。离婚这些年，他无时无刻不在思念唐琬，但他们的关系再也回不到从前了。

后来唐琬再游沈园，看见了陆游在墙壁上写的词，心里顿时浪涛翻涌。她抑制不住悲痛，和了一首《钗头凤》。

世情薄，人情恶，雨送黄昏花易落。

晓风干，泪痕残，欲笺心事，独语斜阑。难，

难，难！

人成各，今非昨，病魂常似秋千索。

角声寒，夜阑珊。怕人寻问，咽泪装欢。瞒，

瞒，瞒！

唐琬这首词虽不及陆游，但也不失为佳作，道尽了有情人无法相守的悲哀。她又何曾忘记陆游？只怪造化弄人，天不遂人愿。

据南宋陈鹄《耆旧续文》记载：“（唐琬）见而和之，有‘世

情薄，人情恶’之句，惜不得其全阕。未几，怏怏而卒。”

也就是说，唐琬看到陆游留下的词，确实和了一首，但只留下残句“世情薄，人情恶”，没有哪部作品收录过整首词。直到清朝，现有版本的词才出现。因而，后世学者认为，唐琬版的《钗头凤》不排除后人续写的可能性。

唐琬写下《钗头凤》之后，一直郁郁寡欢，没多久就去世了。

又过了四十多年，陆游重游沈园，回想起他和唐琬曾经的幸福日子，还有那次突然的重逢，他以《沈园》为题，写下了两首著名的悼亡诗。

其一

城上斜阳画角哀，沈园非复旧池台。

伤心桥下春波绿，曾是惊鸿照影来。

其二

梦断香消四十年，沈园柳老不吹绵。

此身行作稽山土，犹吊遗踪一泫然。

“惊鸿照影”化用了曹植《洛神赋》的典故。彼时，陆游看着桥下的一池碧水，恍惚中仿佛是“翩若惊鸿”的唐琬回到了他身边。梦醒之后，却是一场空。

终其一生，陆游都没能忘记唐琬，《钗头凤》的悲剧也在各类戏曲和影视故事中一直流传。

一首诗惹出的家庭风波

被迫和唐琬分开后，陆游在感情方面始终有一块空缺，尽管他有了新的妻子。妻子王氏是母亲为他选的，以陆母对唐琬的厌恶，她肯定会按照自己的喜好挑选新儿媳妇，哪管陆游喜不喜欢。

陆游是才子，他理想中的妻子应该是像唐琬那样美丽的才女。作为一个文人，他为妻子王氏留下的文字却很少，仅在她去世后写了一篇墓志铭《令人王氏圹记》。合理猜测，陆游和王氏的感情谈不上有多好。

不过陆游并没有因此就不相信爱情，他后来遇见了一个颇有才华的女子。这位女子在历史上并未留下姓名，因她嫁给陆游为妾，后人便以“陆游妾”称呼她。

那一日，陆游独自外出，夜宿旅途中一个驿站。

古代的驿站和客栈不一样，客栈是有钱就能住，驿站却只为来往官吏和替朝廷传递文书的人提供服务，可以理解为体制内的招待所，不对外营业。看守驿站的人被称为驿卒。宋以前，驿卒由当地百姓充当，到了宋朝，改由士兵担任，不再任用百姓。

陆游当时已经是朝廷官员了，可以自由进出驿站。他在那间驿站逗留时，无意中发现墙上题了一首诗。

玉阶蟋蟀闹清夜，金井梧桐辞故枝。
一枕凄凉眠不得，挑灯起作感秋诗。

和陆游的那些传世名篇相比，这首诗相对一般，但别有一番趣味。题诗者似乎有心事，被蟋蟀扰了清梦就再也睡不着了，索性起床点灯，将心中所想写在了墙壁上。

陆游心中疑惑，找人询问。原来，题诗的人是驿卒的女儿。

陆游未曾料到，一个驿卒之女竟有如此才学，这不就是他喜欢的类型吗？于是他向驿卒提出，想纳这个写诗的女子为妾。

古代男子纳妾是常事，陆游又有官职在身，驿卒没有拒绝的道理。虽说驿卒也是朝廷的工作人员，但无品无阶，收入也就那么回事。女儿若是能嫁入官宦人家，对她来说是一种保障。这段姻缘也就顺理成章了。

有学者对这事持怀疑态度，觉得“陆游妾”是后人杜撰出来的。

历史上究竟有没有这个写诗的驿卒女，尚无定论，但驿站墙壁上那几句诗却出现在陆游的《剑南诗稿》中。诗名为《感秋》。

西风繁杵捣征衣，客子关情正此时。
万事从初聊复尔，百年强半欲何之？
画堂蟋蟀怨清夜，金井梧桐辞故枝。
一枕凄凉眠不得，挑灯起作感秋诗。

如果说“陆游妾”是后人杜撰，驿站墙壁上的诗其实是陆游所写，那么“陆游妾”留下来的这首《生查子》，真实作者又是谁呢？

只知眉上愁，不识愁来路。
窗外有芭蕉，阵阵黄昏雨。
晓起理残妆，整顿教愁去。
不合画春山，依旧留愁住。

不排除这也是后人杜撰。

不论真相如何，“陆游妾”的故事一直流传到了现在，很多人也相信确有其人。陆游和唐琬的爱情太唏嘘，若他能再遇到一个有才华的女子，也算是弥补了遗憾。

以陆游的人品，他娶了这位驿卒女，对她应该还不错。那么问题来了，《生查子》描写的分明是女儿家的愁绪，她的愁从何而来？

从驿卒女后续命运来看，她之所以那么伤感，多半是不为陆游的正妻王氏所容。因为，她嫁给陆游才半年，王氏就把她赶走了。和唐琬一样，这又是一个可怜女子。

“陆游妾”的故事，在宋人陈世崇的笔记《随隐漫录》中有记载：

> 陆放翁宿驿中，见题壁诗云：“玉阶蟋蟀闹清夜，金井梧桐辞故枝。一枕凄凉眠不得，挑灯起作感秋诗。”放翁询之，乃驿卒女也。遂纳为妾。方余半载，夫人逐之。

陆放翁即陆游。

可怜的驿卒女，不就是闲来无事写了一首诗么，竟然无端惹了这么一场风波！也不知她被王氏赶走之后发生了什么，过得好不好。

再说陆游，他也挺不容易的，在朝中天天遭人排挤，已经够累了。累了一天回到家，又遇到“后院起火”。先是母亲逼他休妻，后是王氏驱逐了他的妾。头疼！

唐琬版《钗头凤》中的句子搬到这里很应景：难，难，难！

罢官，又罢官

陆游出生于北宋灭亡的前两年，那时金国正举兵南下，时局动荡，父母带着年幼的他仓皇南渡，后来一家人在山阴（今浙江绍兴）定居，才慢慢有了安稳的生活。

或许是幼年经历过兵荒马乱，陆游一生都在期盼着朝廷能出兵北伐，收复失地。他写过诸多热血诗词，无不彰显强烈的报国之心。而他的抗金决心不是光嘴上说说的，他非常热切地想投身其中，所以他从小就学武，还是个高手。如他的《醉歌》所写。

百骑河滩猎盛秋，至今血清短貂裘。

谁知老卧江湖上，犹枕当年虎髑髅。

这首诗写于陆游晚年时期，诗中描述的是他年轻时在西北围猎，刺杀猛虎的情形。没错，陆游不是一位手无缚鸡之力的文人，他是一位将士，可以杀猛虎的那种。

南宋国情特殊，涌现出不少爱国诗人，但陆游是一个特别的存在。用钱锺书先生的话来说，其他爱国诗人“只表达了对国事的忧愤或希望，并没有投身在灾难里，把生命和力量都交给国家去支配的壮志和弘愿；只束手无策地叹息或者伸手求助地呼吁，并没有说自己也要来动手”。

总结一下就是，其他爱国诗人只是普通的文人，他们心有余而力不足，只能呼吁国家北伐，收复山河，但他们自身能力有限，没法为收复山河付诸行动。

相比之下，陆游的特别之处在于，“他不但写爱国、忧国的情绪，并且有声明救国、卫国的胆量和决心”。

钱老对陆游的这一评价很高，也确实如此。

在这一方面，陆游跟辛弃疾很像，只要身子骨还硬朗，给他们一匹战马，一身铠甲，他们是真的可以带着队伍杀回去的。就像陆游曾经在诗中所写的那样，“学剑四十年，虏血未染锷”。他学了四十年剑，就等着上阵杀敌的那一天。

可惜，陆游至死都带着遗憾。他这一生不仅没能实现抱负，就连仕途也是一波三折，艰难坎坷。

陆游的科举之路，其荒诞程度跟当年的杜甫有一拼。

绍兴二十三年（1153 年），陆游去临安参加锁厅考试。所谓“锁厅考试”，指的是为现任官员及恩荫子弟准备的进士考试。陆游生于官宦人家，享有恩荫入仕待遇。这本来是件好事，可陆游运气不太好，竟然跟秦桧的孙子同一届，偏偏主考官还给陆游评了个第一名。

秦桧很生气，陆游是个什么东西，怎么能比我孙子优秀！划掉，不算！

秦桧在世的那些年，陆游一直徘徊在官场之外，连入场券都拿不到。好在秦桧没有长命百岁。两年后，秦桧去世，陆游“水逆”结束，否极泰来。他先是担任了福州宁德主簿，后经人推荐，被任命为敕令所删定官。

陆游为人耿直，看到别人有不对的地方，总忍不住提建议。比如有人进贡了珍奇玩物给宋高宗，陆游就上奏：“陛下不行啊，你这样是玩物丧志，亏损圣德啊，还是别了吧……”

估计宋高宗心想：谢谢你啊，你管得有点宽……

也正因为陆游太耿直，又天天喊着要抗金，要打打打，得罪了不少朝臣，然后他就被弹劾了，陆续经历了几次贬官。

时间一晃就到了乾道七年（1171 年），陆游已经四十多岁，驻军于南郑（今陕西汉中辖区）的将领王炎给他递了个橄榄枝，邀请他加入自己的幕府，为抗金事业效力。

什么？抗金！陆游很激动，终于可以施展抱负了！他可是做梦都想去抗金！

陆游煞费苦心，写了一份又详细又全面的抗金指南——《平戎策》。孰料，朝廷直接把《平戎策》淘汰了。为了防止陆游和王炎再整个别的什么计划，王炎被召回了京城。自此，幕府解散，北伐夭折。

陆游把一腔壮志雄心生生给憋了回去，估计内心只想骂一句：晦气！

之后，陆游在四川做了几年官，辗转成了南宋名臣范成大的部下。范成大很欣赏陆游，本想重用他，谁知道他又被弹劾了。

陆游常年主张抗金，是“主和派”的眼中钉。主和派的官员们弹劾他不拘礼法，“燕饮颓放”，往死里吐槽他，不想让他有东山再起的机会。范成大吃着朝廷的粮食，得听朝廷的话，迫于无奈罢免了陆游。

陆游很郁闷，说我“燕饮颓放”？好的，“放”给你们看。作为回怼，他给自己起了个外号，叫“放翁”。我就是颓放了，怎么滴？

难得的是，在朝堂起起落落这么多年，陆游心中的希望还没破灭，他多次向皇帝上书，希望能减免赋税，选拔人才，收复河山。主和派嫌他多事，继续不遗余力地排挤他。

绍熙元年（1190 年），陆游再一次被罢官。

这一次陆游是真的放弃了，他离开京城，回家过养老生活。直到十几年后，朝廷又想起了他，召他入京修编国史。彼时陆游已经七十多岁，是个迟暮的老人了，再也没有能力身先士卒。他打不动了，只能寄希望于年轻一辈，希望有生之年能看到山河一统。

陆游很长寿，去世时八十五岁。但他是带着遗憾走的，到死他都没等来统一的消息。临终前他留下了一首《示儿》。

死去元知万事空，但悲不见九州同。

王师北定中原日，家祭无忘告乃翁。

虽然他没等到，但是他相信，那一天迟早会到来。

朱淑真

不幸的婚姻会把人逼疯

大宋词坛，女子她排第二

李清照、朱淑真、吴淑姬、张玉娘，她们被后世称为“宋朝四大才女”。李清照“第一才女”的地位无法撼动，朱淑真则被认为是仅次于李清照的宋朝女词人，二人常被后人拿来相提并论。

清朝词论家陈廷焯在他的《白雨斋词话》中这么写：“朱淑真词才力不逮易安，然规模唐、五代，不失分寸。”

之所以经常被拿来比较，是因为她们二人在大宋词坛的女子当中，是毫无争议的第一和第二。李清照生于北方，朱淑真生于南方，一南一北，相得益彰，都给后世留下了瑰丽的作品，被誉为“词坛双璧”。

朱淑真比李清照晚出生五十年左右，她有个外号叫“断肠词人”，因她的作品集叫作《断肠集》。朱淑真这一生，用“断肠”二字形容确实贴切。

世人经常感叹，赵明诚去世后，李清照的后半生过得不尽如人意。但是跟朱淑真相比，李清照算幸运了，她能嫁给志同道合的赵明诚，婚姻美满，在赵明诚去世前他们一度拥有过幸福时光。

那朱淑真呢？她嫁的那位据说没啥文化，且不解风情，就算她写出了千古绝唱，在她丈夫面前也像是对牛弹琴。话不投机半句多，这样的婚姻，实在是难为她了。南宋人魏仲恭收集刊印了《断肠集》并为之作序，他在序言中这样写道：“观其诗，想其人，风韵如此，乃下配一庸夫，固负此生矣。”

魏仲恭用了“庸夫”二字来形容朱淑真的丈夫，可见同时代的人对朱淑真的境遇也是十分惋惜的。

朱淑真是钱塘（今浙江杭州）人，也有说是浙江海宁人。由于年代久远，资料有限，具体出生地暂时无从考据。但可以肯定的是，朱淑真是一位腹有诗书的江南女子。

关于朱淑真的聪明和机智，民间流传着这么一个故事。

某日，朱淑真的父亲骑毛驴进城，不小心撞到了州官。州官很生气，要把朱父抓进大牢。朱淑真听说此事，急忙赶去为父亲求情。

州官早就听说过朱淑真的才名，给她出了个难题：“听说你很会作诗？这样吧，你写一首诗，道出八个‘不打’，但诗中不能出现一个‘打’字。能做到的话，我就放了你老爸。”

朱淑真答应了，她让州官出题。恰好当时是黄昏，州官就说以“夜”为题。朱淑真想了想，很快就交出了答卷：

月移西楼更鼓罢，渔夫收网转回家。
卖艺之人去投宿，铁匠熄炉正喝茶。
樵夫担柴早下山，飞蛾团团绕灯花。

院中秋千已停歇，油郎改行谋生涯。
毛驴受惊碰尊驾，乞望老爷饶恕他。

诗中正好含有八个“不打”：月移西楼更鼓罢（不打鼓），渔夫收网转回家（不打鱼），卖艺之人去投宿（不打锣），铁匠熄炉正喝茶（不打铁），樵夫担柴早下山（不打柴），飞蛾团团绕灯花（不打茧），院中秋千已停歇（不打秋千），油郎改行谋生涯（不打油）。

在那么紧急的情况下，又有那么多约束条件，朱淑真却能马上作出这样一首诗，她的智慧可见一斑。像她这般心思玲珑剔透的女子，本该有个好的归宿，可惜造化弄人，父母安排的姻缘拖累了她一生。

从朱淑真留下的诗词看，她在嫁人之前似乎有过心上人。她曾满怀期望，为那人写过一首诗《送人赴试礼部》。

春闱报罢已三年，又向西风促去鞭。
屡鼓莫嫌非作气，一飞当自卜冲天。
贾生少达终何遇，马援才高老更坚。
大抵功名无早晚，平津今见起菑川。

这位参加春闱的应该是位家庭条件一般的书生，想考科举但一直没有考上。或许正是因为他没考上，朱淑真的父母才会棒打鸳鸯。不过这一切只是推测，朱淑真婚前的恋人究竟是谁，又为何被拆散，至今仍是个谜。

朱淑真出生于官宦人家，父亲曾做过官，家境富裕。根据朱淑真在《璇玑图记》所述，“家君宦游浙西，好拾清玩，凡可人意者，虽重购不惜也”，这里的“家君”指的是父亲，朱父应该在浙西一带当过官。

那么问题来了，如果朱父是官，为何独自骑毛驴进城？就算这条能合理解释，那他不小心撞了州官后，为何会面临如此尴尬的局面？

有两种可能：一是朱淑真家道中落，大不如前了；二是“不打诗”并非朱淑真所作，这个故事是后人为了体现朱淑真的聪明而杜撰的。

不论“不打诗”是否为朱淑真所作，以她的才学，在大宋词坛永远有一席之地。女词人中，若李清照排第一，她便是毫无争议的第二。

这破婚，不结也罢

关于朱淑真丈夫的真实身份，流传着两种说法。一说他是市井小民，如魏仲恭《断肠集序》所言：“（朱淑真）早岁不幸，父母失审，不能择伉俪，乃嫁为市井民家妻，一生抑郁不得志，故诗中多有忧愁怨恨之语。”

不过这一说法被认为是误传，按理说，那个年代讲究门当户对，官宦人家出身的朱淑真不至于嫁给市井小民。再者，根据朱淑真留下的作品，她的夫婿应该是位小官吏。

比如这首《春日书怀》。

从宦东西不自由，亲帏千里泪长流。
已无鸿雁传家信，更被杜鹃追客愁。
月落鸟歌空美景，花光柳影漫盈眸。
高楼惆怅凭栏久，心逐白云南向浮。

“从宦东西不自由，亲帏千里泪长流”，从这句可以推断，这是朱淑真婚后随丈夫外出任职时所作，“从宦”的意思是，家属跟随在任内。

朱淑真聪慧，有着七窍玲珑心，她需要的是一位能给她提供情绪价值的老公，就算不能跟她诗文唱和，至少能懂她的巧思。她老公若是能像赵明诚那样，即便学问不如她，她也应该乐在其中，婚姻不至于那么失败。

她也曾为婚姻努力过。丈夫出门时，她给他寄过一封信，信上没有写文字，只有一些圈圈点点。丈夫一脸懵，不知道朱淑真葫芦里卖的什么药。不过很快，他发现信中还夹带了一首词：

相思欲寄无从寄，画个圈儿替。话在圈儿外，心在圈儿里。单圈儿是我，双圈儿是你。你心中有我，我心中有你。月缺了会圆，月圆了会缺。整圆儿是团圆，半圈儿是别离。我密密加圈，你须密密知我意。还有数不尽的相思情，我一路圈儿圈到底。

如果这首诗不是后人杜撰，那么朱淑真应该想过要跟丈夫好好经营婚姻。她愿意去表达，也希望他能懂她，可现实和理想总是背道而驰。丈夫虽是个官吏，却也是个庸人，他完全不懂她。这样的日子简直度日如年，不堪忍受。

在无聊的婚姻生活中，朱淑真难免会想起她的初恋。她有一首《江城子·赏春》，一般认为是在怀念初恋情人。

> 斜风细雨作春寒，对尊前，忆前欢。曾把梨花，寂寞泪阑干。芳草断烟南浦路，和别泪，看青山。
>
> 昨宵结得梦夤缘，水云间，悄无言。争奈醒来，愁恨又依然。展转衾裯空懊恼，天易见，见伊难。

如词中所描述的那样，春寒料峭，勾起了她埋藏在心底的往事。少女时期的她多么幸福，有志趣相投的心上人相伴，一同赏春看景。可他们却被强行拆散，不知心上人身在何方，留下她一个人寂寞流泪。

与其说这首词的主题是赏春，还不如说是伤春更恰当。

在朱淑真婚后的某一年元宵，她应该是见到了曾经的恋人。她在元宵夜与他见面，内心一片混乱。曾经的爱恋如即将撕裂黑暗的太阳，喷薄而出。她按捺不住情绪，写下了一首《元夜》。

> 火树银花触目红，揭天鼓吹闹春风。
> 新欢入手愁忙里，旧事惊心忆梦中。

但愿暂成人缱绻，不妨常任月朦胧。

赏灯那得工夫醉，未必明年此会同。

因这几首诗词，一直有传朱淑真婚后另有所爱。不过诗中所写的究竟是不是她和她的恋人，尚未可知。她还有一首和《元夜》有关的词，就是流传甚广的《生查子·元夕》。

去年元夜时，花市灯如昼。

月上柳梢头，人约黄昏后。

今年元夜时，月与灯依旧。

不见去年人，泪湿春衫袖。

这首词的作者有两种说法：一是朱淑真，一是欧阳修。古人思想传统，大家觉得堂而皇之地描述元夜约会，不像是女子所为。于是流传到现在，普遍认为作者是欧阳修的可能性更大。

但按照朱淑真的性格，她可不会因为不好意思而不写“约会”。且不说《元夜》中的“但愿暂成人缱绻，不妨常任月朦胧”，还有更香艳的《清平乐·夏日游湖》。

恼烟撩露，留我须臾住。携手藕花湖上路，一霎黄梅细雨。

娇痴不怕人猜，和衣睡倒人怀。最是分携时候，归来懒傍妆台。

这首词十分大胆，有说是朱淑真和情人约会，有说是朱淑真离婚后与心上人再续前缘。比如“娇痴不怕人猜，和衣睡倒人怀”这句，不知她“睡倒”在谁的怀中，反正不太可能是她丈夫的。那样的庸人，或许她避之不及吧。

不幸的婚姻，确实能把人逼疯。

被焚毁的诗稿

朱淑真是一位极大胆的女子。她出身好，读书多，见识广，所以在婚姻中遇到不顺心的事，她也敢直抒胸臆，一边怀念初恋，一边吐槽婚姻。

反正这段婚姻不是她自己选的，是长辈强加给她的。她也反对过，反对无效，那她能怎么办？吐个槽还不行吗……

在朱淑真留下的诸多作品中，都能看到她对自己命运的控诉。

婚后她每日面对粗俗不堪的丈夫，觉得以前的她真是太天真了，居然幻想拥有爱情。爱情若真能轻易得到，又岂会被如此期待与珍视？心灰意冷时，她写了一首咏连理枝的《愁怀》。

鸥鹭鸳鸯作一池，须知羽翼不相宜。

东君不与花为主，何似休生连理枝。

鹭和鸳鸯虽然都是水鸟，但终究不是同类，就算生活在一个池子里也不会融洽。朱淑真以鹭和鸳鸯比作她和丈夫，一个是心思细腻的才女，另一个是粗鄙不堪的庸夫，他们勉强结婚过日子，一天两天还好，时间久了只会有更多矛盾。

丈夫越是庸俗，朱淑真就越忍不住怀念婚前那段自由恋爱。从她的字里行间能看出，她的婚姻生活不只是不幸福，应该是相当糟糕。

而这种不如意的婚姻，朱淑真似乎早就有预感。在被迫与心上人分开时，她就在文字中表达了对爱情的渴望。像比翼鸟、连理枝等代表爱情的事物，都是她讴歌的对象。

她曾作诗《落花》，控诉父母强行拆散她和恋人。

连理枝头花正开，妒花风雨便相催。

愿教青帝常为主，莫遣纷纷点翠苔。

枝头开得鲜艳的连理花，一场风雨就可将它们摧残。究竟是风雨太强大，还是爱情太脆弱？

最怕这种得到后再失去的感觉。她曾经是拥有过爱情的，她以为可以跟心上人共白头，现实却给了她一巴掌，提醒她：你想得美！

在这种复杂而扭曲的心情中，朱淑真受够了。她忍无可忍，独自回到娘家，向父母提出要离婚。父母当然不同意，估计还关起门来教育了一番。离婚一事也就这样不了了之了。

之后的朱淑真一直生活在婚姻悲剧中，整日愁眉不展，郁郁寡欢，年纪轻轻就含恨离世了。

但也有一种说法是，朱淑真跟丈夫和离了。但不知是跟父母观念不合还是其他原因，离婚回娘家生活的她也不快乐。她的后半生，似乎都在治愈前半生所受的伤。

朱淑真的死因也众说纷纭。有“郁郁而终”说，有“投河自尽”说。她死后，生前所写的诗词手稿被父母付之一炬。如魏仲恭在《断肠诗集序》中所写：“其死也，不能葬骨于地下，如青冢之可吊，并其诗为父母一火焚之。今所传者，百不一存，是重不幸也。呜呼，冤哉！”

有人猜测，朱淑真的父母之所以焚毁她的诗稿，或许是因为她写了太多女子不该写的东西，比如思念以前的情人，比如幽会，比如渴望爱情……旧时女子的名声很重要，就算去世了，也不能留下让人诟病的证据。

然对于后人来说，一代才女的手稿被焚毁，实在可惜。

姜夔

全能人才的文化苦旅

运气一般，但超级会交朋友

淳熙三年（1176 年），刚二十岁出头的三好文艺男青年姜夔路过了被金兵洗劫后的扬州。他看着眼前萧瑟的景象，回想起前人笔下繁华的扬州城，感慨万千，写了一首词。这就是姜夔的成名作，也是在后世影响非常深远的《扬州慢》。

淮左名都，竹西佳处，解鞍少驻初程。过春风十里，尽荠麦青青。自胡马窥江去后；废池乔木，犹厌言兵。渐黄昏，清角吹寒，都在空城。

杜郎俊赏，算而今、重到须惊。纵豆蔻词工，青楼梦好，难赋深情。二十四桥仍在，波心荡、冷月无声。念桥边红药，年年知为谁生！

点睛之笔是最后一句，“念桥边红药，年年知为谁生”。以至于世人读到这首词，总想亲自前往扬州的二十四桥，看一看桥边红药绽放的景象。姜夔也成了继杜牧之后，又一个跟扬州有着千丝万缕联系的文人。

姜夔会写词，而且写得很好；他精通音律，被誉为古代十大音乐家之一；他还是个书法家，著有书法论述作品《续书谱》。因此，姜夔被认为是继苏轼之后的又一个文化艺术全面发展的天才。

照理说，以姜夔的才能，在南宋文坛以及官场都该有一席之地，但他的运气着实不怎么好。

姜夔出生在江西的一个官宦人家，他的父亲姜噩也是个文人，曾经考中进士，之后在各地当着不轻不重的小官。姜夔自小受父亲影响，在文学方面展露出了天赋。不过姜噩很早就去世了，没能给姜夔完整的陪伴。姜夔那一年才十四岁，只能依靠已经出嫁的姐姐生活。

年纪稍大一点，姜夔就跟大多数文人一样，开始了在科举中磨砺的生涯。

科举这项目，实力重要，运气也很重要。姜夔没有他爸的运气，每次考试均落榜。直到去世的那一天，他依然与功名无缘，做了一辈子布衣。可能姜夔本就不适合官场吧，一入仕途，命运就发生了改变，他流传于世的那些佳作也许就不存在了。

其实姜夔有过一次入仕机会，只要他愿意，一只脚就算踏进官场了。

在姜夔大约四十岁时，他在杭州游历，结识了当地一位名叫张鉴的世家子弟。张鉴是南宋“中兴四将”之一张俊的孙子，家境殷实，富甲一方。姜夔和张鉴交情匪浅，他在自序中说：“旧所依倚，惟有张兄平甫，其人甚贤，十年相处，情甚骨肉。”

平甫是张鉴的字。姜夔曾依附张鉴生活了很多年，所以在他看来，他跟张鉴不是亲兄弟，胜似亲兄弟。张鉴纳妾时，姜夔为他作过一首《少年游·戏平甫》。

双螺未合，双蛾先敛，家在碧云西。别母情怀，随郎滋味，桃叶渡江时。

扁舟载了，匆匆归去，今夜泊前溪。杨柳津头，梨花墙外，心事两人知。

张鉴之所以如此厚待姜夔，是因为他欣赏姜夔的才华。他觉得，以姜夔的人品和学问，没考取功名实在太可惜了。为了弥补这份遗憾，他提议：不就是个官嘛，考不上不要紧，哥有钱，哥花钱给你买一个！

姜夔婉拒了。他认为，君子不应该以这种方式谋取本不属于自己的东西。如他自述：“平甫念其困踬场屋，至欲输资以拜爵，某辞谢不顾。”

这次谢绝，姜夔等于失去了人生中唯一一次入仕的门票。不过他没有后悔，他不仅是个文人，也是个清客，深知“君子有所为，有所不为”的道理。

像姜夔这般才学人品俱佳的人，自然会受到志同道合之人的赏识。辛弃疾就是姜夔的好友之一，甚至姜夔的文字也受辛弃疾的影响。清朝词论家周济评价他：“白石脱胎稼轩，变雄健为清刚，变驰骤为疏宕。”

“白石”即姜夔。姜夔字尧章，号“白石道人”。

辛弃疾写出了传世名篇《永遇乐·京口北固亭怀古》。好朋友姜夔就和了一首同韵词，《永遇乐·次稼轩北固楼词韵》。

云鬲迷楼，苔封很石，人向何处？数骑秋烟，一篙寒汐，千古空来去。使君心在，苍厓绿嶂，苦被北门留住。有尊中酒差可饮，大旗尽绣熊虎。

前身诸葛，来游此地，数语便酬三顾。楼外冥冥，江皋隐隐，认得征西路。中原生聚，神京耆老，南望长淮金鼓。问当时依依种柳，至今在否？

辛弃疾词风豪放，心系河山，是当时武力值最高的词人。姜夔的词以婉约灵动见长，是个单纯的文人。既然无力与友人同赴疆场，就以词为赠，赞扬他，激励他，也不枉相识一场。

著名诗人杨万里在朋友的引见下认识了姜夔，他被姜夔的学识折服，把姜夔与唐朝诗人陆龟蒙相提并论。他们二人成了好友，经常书信往来。

杨万里的朋友范成大读了姜夔的诗词，对他的文采和人品都极为推崇。

除了以上这些名家，欣赏姜夔的还有朱熹、萧德藻等。

姜夔这一生，虽说运气差了点，朋友天团却是真的强大。他一介布衣，能在南宋文艺界和学术界留名，除了自身水平过硬，跟一众文坛名家对他的推崇也密不可分。而他能吸引这些人，是因为他洁身自好，俨然是魏晋名士一般的人物。

感情上的二三事

姜夔写《扬州慢》时，随词附了一段序，序中有这么一句："千岩老人以为有 '黍离' 之悲也。"这句指的是"千岩老人"对《扬州慢》的评价，千岩老人即姜夔的忘年交，萧德藻。

萧德藻虽然在后世名气一般，但在南宋，他是与陆游、杨万里、范成大齐名的大诗人。他与姜夔的渊源，可以追溯到姜夔的父亲姜噩。

萧德藻跟姜噩是同一届的进士，他们是同辈人。但萧德藻跟姜噩交情一般，跟姜夔见面却有说不完的话。用他自己的话来说就是："我学写诗几十年了，才有这么一位能切磋的好友。"

萧德藻实在是太欣赏姜夔了，有种相见恨晚的感觉，甚至一高兴，把自己的侄女嫁给了他。《绝妙好词笺》记载，"萧东夫德藻爱其词，妻以兄子”。后来姜夔和杨万里成为朋友，也是因为萧德藻的引荐。

姜夔跟妻子萧氏的婚姻生活如何，没有明确的资料记载。他们的感情似乎并没有很深刻，如若不然，姜夔的诗词中为何基本没提过妻子？偏偏他的文字中多次出现其他女子的身影，比如他最为人所知的一段感情，跟“合肥姐妹”的情缘。

“合肥姐妹”，有说是姜夔年轻时在合肥结识的一对歌伎姐妹花，也有说所谓的“合肥姐妹”是一个人。

姜夔是词人，又是音乐家，他的作品在青楼传唱很广。那么，他有歌伎恋人也就不足为奇了。

在姜夔留下的诗词作品中，有不少提到了“合肥姐妹”。想必，在合肥的这段感情经历对他来说，有着不一样的意义。他的《琵琶仙》就是因怀念“合肥姐妹”而作。

双桨来时，有人似、旧曲桃根桃叶。歌扇轻约飞花，蛾眉正奇绝。春渐远，汀洲自绿，更添了、几声啼鴂。十里扬州，三生杜牧，前事休说。

又还是、宫烛分烟，奈愁里、匆匆换时节。都把一襟芳思，与空阶榆荚。千万缕、藏鸦细柳，为玉尊、起舞回雪。想见西出阳关，故人初别。

桃叶、桃根的典故出自王献之的《桃叶歌》，“桃叶复桃叶，桃叶连桃根”。桃叶是王献之的爱妾，桃根则被认为是桃叶的妹妹。因此，姜夔这首《琵琶仙》中，“有人似、旧曲桃根桃叶”指代的就是“合肥姐妹”。

此外，姜夔的《鹧鸪天·元夕有所梦》等词，也是为“合肥姐妹”所写。

肥水东流无尽期，当初不合种相思。梦中未比丹青见，暗里忽惊山鸟啼。

春未绿，鬓先丝。人间别久不成悲。谁教岁岁红莲夜，两处沉吟各自知。

跟姜夔有关的，还有一位值得一提的女子，即“小红低唱我吹箫”的“小红”。

绍熙二年（1191 年），姜夔应邀去拜访范成大。

范成大是南宋颇有名望的官员和文人，曾官至参知政事，也就是副宰相。姜夔和范成大的友情源于他们共同的好友杨万里，自相识后，范成大对姜夔表现出了非同一般的赏识。恰好当时范成大退休在家，有的是时间跟朋友往来，他便邀请了姜夔。姜夔在范成大家里一住就是一个月。

范成大喜欢梅花，他和姜夔喝酒论诗，一时兴起，让姜夔写歌咏梅花的词曲。姜夔有如神来之笔，很快就写了两首，即《暗香》和《疏影》。

范成大看完，拍案叫绝，让家中的歌伎小红唱这两首曲子。小红唱得极为动听，范成大一高兴，把小红送给了姜夔。

姜夔在范成大家中做客结束，携小红乘船一同回苕溪家中。船经过吴江的垂虹桥时，姜夔来了灵感，作了一首《过垂虹》。

自作新词韵最娇，小红低唱我吹箫。

曲终过尽松陵路，回首烟波十四桥。

也是因为这首诗，歌女小红在后世留下了姓名和故事。

风雨漂泊的晚年

姜夔虽然与仕途无缘，但他早年间过得还算春风得意，毕竟有名人推崇，有朋友赏识，还有佳人相陪。然而到了晚年，他的生活发生了翻天覆地的变化。大概他自己也不会想到，老了之后他会混得那么惨。

由于没有稳定的工作，姜夔长期靠填词作曲和朋友资助为生。四十岁以后，他搬到杭州，依附挚交好友张鉴生活，张鉴和他的哥哥张镃对姜夔都很照顾。也就是在这一时期，张鉴提出了为姜夔买官，姜夔婉拒了。

姜夔不是不想入仕，而是想用他自己的方式谋求前程。

据《宋史·乐志》记载，庆元三年（1197 年），姜夔向朝廷呈上了《大乐议》和《琴瑟考古图》，但是没有得到朝廷的回复。至于为什么没得到回复，据说是有人嫉妒他的才能，故意使绊子。如徐献忠在《吴兴掌故集》记载："姜尧章长于音律，尝著《大乐议》，欲正庙乐，时嫉其能，是以不获尽其所录，人大惜之。"

一次失败算不得什么，姜夔没有气馁，他对自己在音乐上的造诣很自信。两年后，他又献上了一篇《圣宋铙歌鼓吹曲》。这一次，命运之神眷顾了姜夔，他终于得到了正面的反馈。出于对特殊人才的照顾，朝廷破格允许他去参加礼部的进士考试。

可惜，姜夔官运不佳，再次落榜。

经历了这么多次失败和失望，姜夔想必累了，想放弃了。算了，就这样吧，都挺好，没关系……

幸亏还有张鉴，姜夔的生活还是安逸的，他后半生大部分时间在杭州度过。

嘉泰二年（1202 年），姜夔晚年第一个人生转折点来临——张鉴去世了。失去挚友的痛，生活质量的急剧下降，这些都给了姜夔很大的打击。

嘉泰四年（1204 年），姜夔迎来第二个人生转折点，本就不富裕的生活雪上加霜。当时杭州城内发生了一场火灾，两千多间房屋被烧毁，其中就有姜夔的家。他的落脚点、为数不多的财物、书籍字画等，全都烧成了灰烬。一夜之间他失去了所有，一贫如洗。

接二连三遭遇打击，加上年事已高，身边又没有亲友相助，姜夔的身体一日不如一日。他漂泊在江南一带，过着拮据的生活，这一漂泊就是十几年。很难想象，在这样困顿的环境中，他是怎么坚持下来的。

嘉定十四年（1221 年），早已不复往日风华和意气的姜夔在孤苦中去世，享年六十七岁。他生前的友人筹钱将他安葬在了杭州的西马塍。这是姜夔的最终归处。

不论生前经历了多少荣辱，到头来不过黄土一抔，全都化作了尘埃。

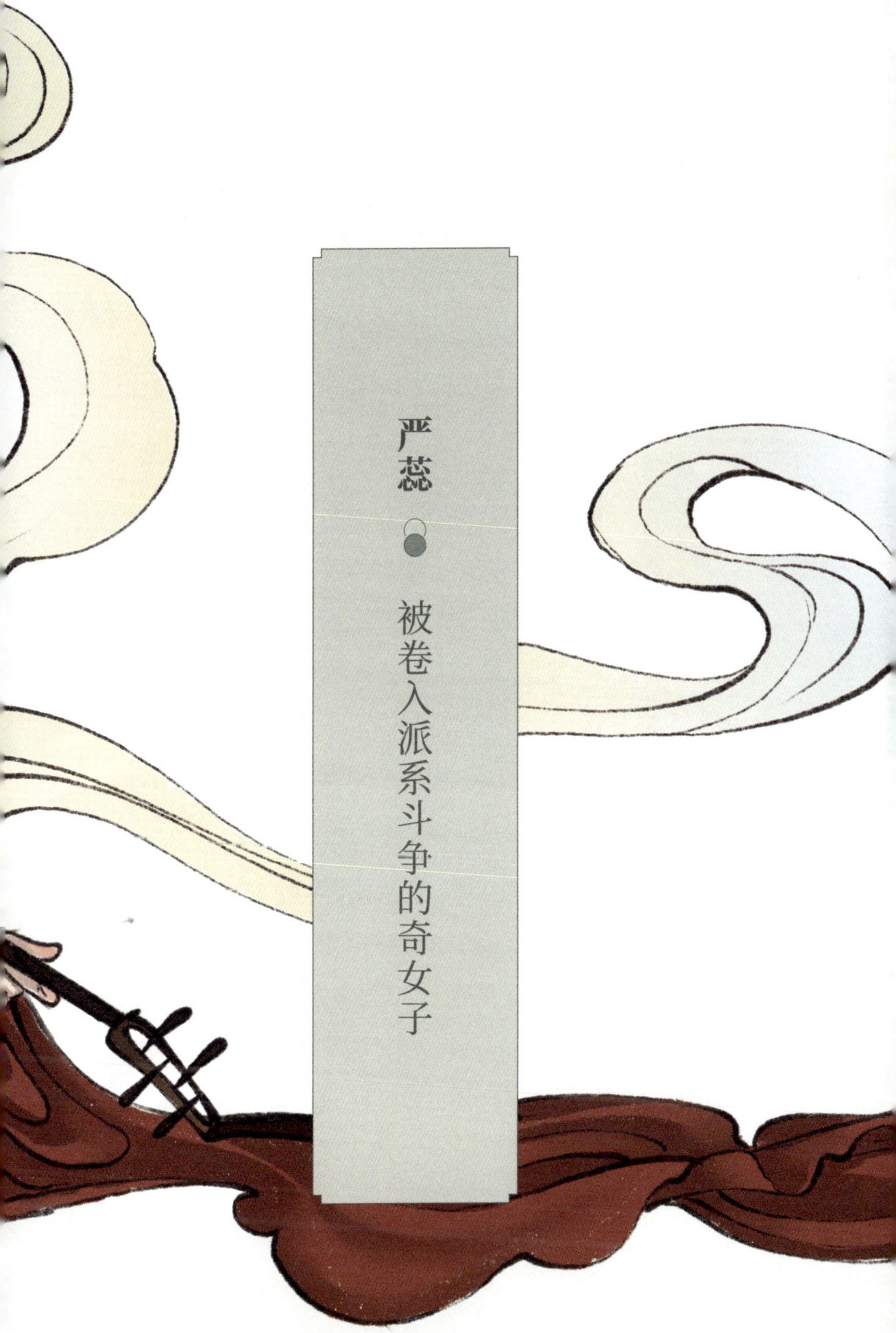

严蕊

被卷入派系斗争的奇女子

色艺双绝的奇女子

严蕊是南宋名妓中的翘楚，她精通琴棋书画，会歌舞，善交际，姿容绝佳，才学也很突出。南宋人周密在《齐东野语》中这样形容严蕊："天台营妓严蕊，字幼芳。善琴弈歌舞，丝竹书画，色艺冠一时。"

"营妓"是官妓的一种，即受官府管辖的歌伎舞伎，有乐籍，与民间青楼、瓦肆等地方的私妓有所区别。

严蕊在台州可谓名噪一时，毕竟以她的姿色和才华，成为头牌花魁或"第一名妓"，简直跟玩儿似的。她石榴裙下有不少仰慕者，甚至有人远道而来就为了见她一面。这待遇，俨然就是当时的女明星。

值得一提的是，严蕊不只是营妓，她还有个身份——南宋女词人。

关于宋朝的女词人和唐朝的女诗人，有个很有意思的差异化现象。

唐朝四大女诗人，薛涛、鱼玄机、刘采春、李季兰，其中有两位是歌伎，即薛涛和刘采春。鱼玄机和李季兰则是女道士。由于唐朝风气开化，女道士风盛行，歌伎和女道士又是和异性文人来往比较多的两类女性，他们之间相互唱和，流传下来的作品自然也就更多。

宋朝则不同，公认的四大女词人，李清照、朱淑真、张玉娘、吴淑姬，前三位都出身于官宦人家，吴淑姬虽生在市井，但吴家也是书香门第，吴淑姬的父亲是秀才，她能填词作诗，必定也是从小耳濡目染。

之所以会出现这种差异，其中一个原因是宋朝理学逐渐盛行，女子堂而皇之和异性来往的机会减少了。而且宋朝的官妓制度跟唐朝完全不同，宋朝是明令禁止官员狎妓的。朝廷规定：官妓只提供陪酒献艺服务，不提供性服务。

若是哪位官员被发现越了雷池，是会受处分的，这样的例子在《宋史》中就有记载。北宋官员王洙，“坐赴进奏院赛神与女妓杂坐，为御史劾奏，黜知濠州，徙襄州”。大致意思是，王洙在进奏院的赛神会上和妓女坐在一起，被御史弹劾，直接贬官了。

严蕊身为营妓，不需要、也不被允许向官员提供除了献艺以外的其他服务。这么看来，宋朝的官妓似乎比唐朝要自由一些。

淳熙七年（1180 年），一位叫唐仲友的官员出任台州知州。唐仲友是个文人，听说了严蕊的才名，对她印象不错。一次酒宴上，唐仲友想考考严蕊，看她是不是真像传说中的那么聪慧，就以“红白桃花”为题，让严蕊填词。

严蕊作了一首《如梦令》。

道是梨花不是。道是杏花不是。白白与红红，别是东风情味。曾记。曾记。人在武陵微醉。

词是为桃花而作，却只字未提桃花，很妙。结尾的“人在武陵微醉”，正是化用了陶渊明《桃花源记》的典故：武陵渔人迷路，误入桃花林，遇见了世外桃源。

唐仲友很满意，觉得严蕊是名副其实的才女，对她的好感又加深了几分。他夸赞了严蕊，还赏赐了两匹绢。

不久之后，有个叫谢元卿的人听说了严蕊的事迹，很想认识她。那年七夕，官府举行宴会，严蕊被叫去陪酒献艺，正好谢元卿也在场。谢元卿很想试试严蕊的才学，就想出题让她作词。严蕊应允。

谢元卿想了想，说：“今天是七夕，那就以七夕为题，以我的姓氏‘谢’为韵，填一首词吧。”

大家才举杯，严蕊就作了一首《鹊桥仙》。

碧梧初出，桂花才吐，池上水花微谢。穿针人在合欢楼，正月露、玉盘高泻。

蛛忙鹊懒，耕慵织倦，空做古今佳话。

人间刚道隔年期，指天上、方才隔夜。

谢元卿对严蕊的才学佩服得五体投地，或许他没有想过，不过区区一个官妓，竟然有如此才学。

经过这几次事件，严蕊的名气比以前更大了。然而，暗处潜藏的危险，也渐渐向她靠近。

被派系斗争殃及的池鱼

南宋学派林立，光是浙江一带就有永康学派、金华学派、永嘉学派等。唐仲友是浙江本地人，金华学派的代表人物之一。朱熹所领导的考亭学派，即闽学学派，是当时很有名的另一个大学派。很不巧，二者之间是对立关系，不怎么融洽。

唐仲友出任台州后，在当地弘扬荀子等人的儒学思想，推行《荀子》《扬子法言》《中说》《昌黎先生集》等著作。朱熹是理学大家，所倡导的一向是“存天理，灭人欲”。这两个学派的理论差别有点大，不融洽就对了。

也正是因为两派的对立关系，引起了后面的一系列事情。

朱熹四处收集证据弹劾唐仲友。他弹劾的点有很多，比如贪赃枉法，比如纵容亲眷，其中有一条是跟妓女有不正当关系。这里的妓女，主要是指严蕊。朱熹言辞犀利：身为官员，唐仲友你居然带头嫖娼！

且不说朱熹弹劾唐仲友的这些罪名究竟有几条是真，几条是假，但多少带有一些私人恩怨，逃不开学派斗争的大背景。严蕊在其中绝对是个被殃及的倒霉炮灰。

唐仲友有个亲戚叫王淮，是当朝宰相。依仗着跟王淮的关系，唐仲友不怎么惧怕朱熹，两派掐得如火如荼。朱熹弹劾一次不成，再来一次；两次不成，再来第三次……

朱熹一时拿唐仲友没办法，但他一口咬定唐仲友和严蕊有苟且之事。他不管严蕊承不承认，强行把她关进了监狱，隔三岔五一顿鞭打，严刑逼供。

朱熹未必真的坚信唐仲友和严蕊有苟且之事，或许只是想以严蕊为缺口，趁机把唐仲友这个对手扳倒。在他看来，区区一个妓女，能有多少骨气呢？吓唬一下她就招了。

出乎朱熹的意料，严蕊还真是个有骨气的人。子虚乌有的事，她打死都不会承认的。这可把朱熹气坏了，他没办法，只好把严蕊交给了绍兴府处置。

被关押在绍兴府期间，严蕊“两月之间，一再受杖，委顿几死”。可怜她一个弱女子，哪里承受得起这样的折磨。但她自始至终都没改口，坚持自己和唐仲友是清白的。朱熹没能从她口中得到他想要的供词。

有个狱卒看不下去了，劝严蕊：“你为什么不承认和唐仲友的事啊？承认了不过是一顿打，不至于落到这么个凄惨的下场。”

严蕊不以为然，回答说：“我只是个卑微的营妓，就算和唐仲友有不正当的关系，也罪不至死。但是是非真假怎么可以随便乱说？那样会败坏别人的名声！就算把我打死，我也不能污蔑他人。”

由于严蕊太坚持，怎么都不肯改口，没少受折磨。但也是因为她的坚持，这个案子慢慢传开了。

严蕊的名头也越来越响亮，很多人为她叫屈，歌颂她的品德。最后，这件事还传到了皇帝的耳朵里。

不久之后，朱熹被调走了，严蕊总算迎来了曙光。因为负责这个案子的提点刑狱名叫岳霖，是岳飞的儿子。岳飞以忠闻名，按照岳家的家风，岳霖又怎会徇私枉法。

早在接手这个案子之前，岳霖对严蕊是有所耳闻的。恰逢当时临近新年，岳霖见她浑身是伤，凄惨可怜，忍不住动了恻隐之心。因此，他对案件的审理也格外认真。

查清了事情的大概后，岳霖对严蕊说：“听说你擅长作词，我给你一个机会，你把自己的遭遇作词陈述一下吧。”

严蕊略加思索，作了一首令她在词坛千古留名的《卜算子》。

不是爱风尘，似被前缘误。花落花开自有时，总赖东君主。

去也终须去，住也如何住！若得山花插满头，莫问奴归处。

这首词，上阕写的是她之前的命运。她并非甘愿堕入风尘，只可惜命不由人，不得已成为营妓。

严蕊作词看似语气平淡，却字字充满委屈和不甘，似是在为自己辩白：我并非世人眼中不检点的女子，只是命不好，落得这么个下场。就像花什么时候开、什么时候落，完全掌握在花木之神东君的手里。我的命运哪里是我自己能说了算的！

这里的“东君”，指的就是审理此案的其他官员，又指岳霖。

严蕊是个聪明人，她一语双关，希望岳霖能够明白她的不容易，给她一个公平的判决。一个“赖”字，把她今后的命运交到了岳霖手上。

词的下阕，则是表明了她今后的愿望。她身为乐籍女子，命运不可控，身不由己。她迫切想要离开这个牢笼，从此不用过这种以色侍人的日子。假如有一天能够摆脱营妓的身份，她希望能像普通女子一样，将山花插满发髻，过着普通的生活。

那么，也不必问她的归宿是什么了。

岳霖是个明白人，他弄清了前因后果，又听了这首词，当即判严蕊无罪。并且，岳霖还准许她脱籍从良，出狱后可自行嫁人，过普通人的日子。

如此一来，严蕊也实现了“山花插满头”的愿望。

这个案子可以说是轰动一时，不然也不会传到皇帝那儿去了。严蕊虽然身份低微，却有一身傲骨，大家都很佩服她，称她是当世奇女子。有不少爱慕者展开实际行动，纷纷追求她。

在众多追求者中，有一位是皇室宗亲，各方面条件都不错，也很欣赏严蕊。严蕊后来嫁与他为妾。她虽是妾，但丈夫知她懂她，对她很好。

严蕊的一生，有幸运，也有不幸。不幸在“天降横祸”，幸在“苦尽甘来”。但她在狱中的苦也算没白受，因为她的骨气，她不仅脱离了营妓身份，赢得了世人的尊重，也找到了恰逢其时的姻缘。若得山花插满头，这就是她最后的归处。

但值得一提的是，关于严蕊的生平和《卜算子·不是爱风尘》的真实作者，均存在一定争议。

据《宝庆会稽续志》记载，岳霖在唐仲友和朱熹有矛盾的那一时期没有担任过浙东提刑。既然如此，他又如何能审理严蕊的案子？而且据多方考证，有学者质疑《卜算子·不是爱风尘》并非严蕊所作，而是唐仲友的亲戚高宣教写的。

严蕊的故事初见于南宋人洪迈的《夷坚志》和南宋人周密的《齐东野语》，到了明朝，小说家凌濛初将其润色了一番，收录在他的《二刻拍案惊奇》中。不论是《夷坚志》还是《齐东野语》，都是故事类的笔记作品。因而，不排除后人为了增加传奇色彩而一再加工美化故事之嫌。

不过，严蕊的故事究竟是真实的还是后人的杜撰，都不影响《卜算子·不是爱风尘》这首词的精妙，文字之美，才是真正值得品味的。

参考文献

[1] 周啸天 . 唐诗鉴赏辞典 [M]. 北京：商务印书馆国际有限公司，2017.

[2] 刘石 . 宋词鉴赏大辞典 [M]. 北京：中华书局，2011.

[3] [清] 朱祖谋 . 宋词三百首 [M]. 谢桃坊评注 . 成都：巴蜀书社，1999.

[4] 夏承焘等 . 宋词鉴赏辞典：新一版 [M]. 上海：上海辞书出版社，2013.